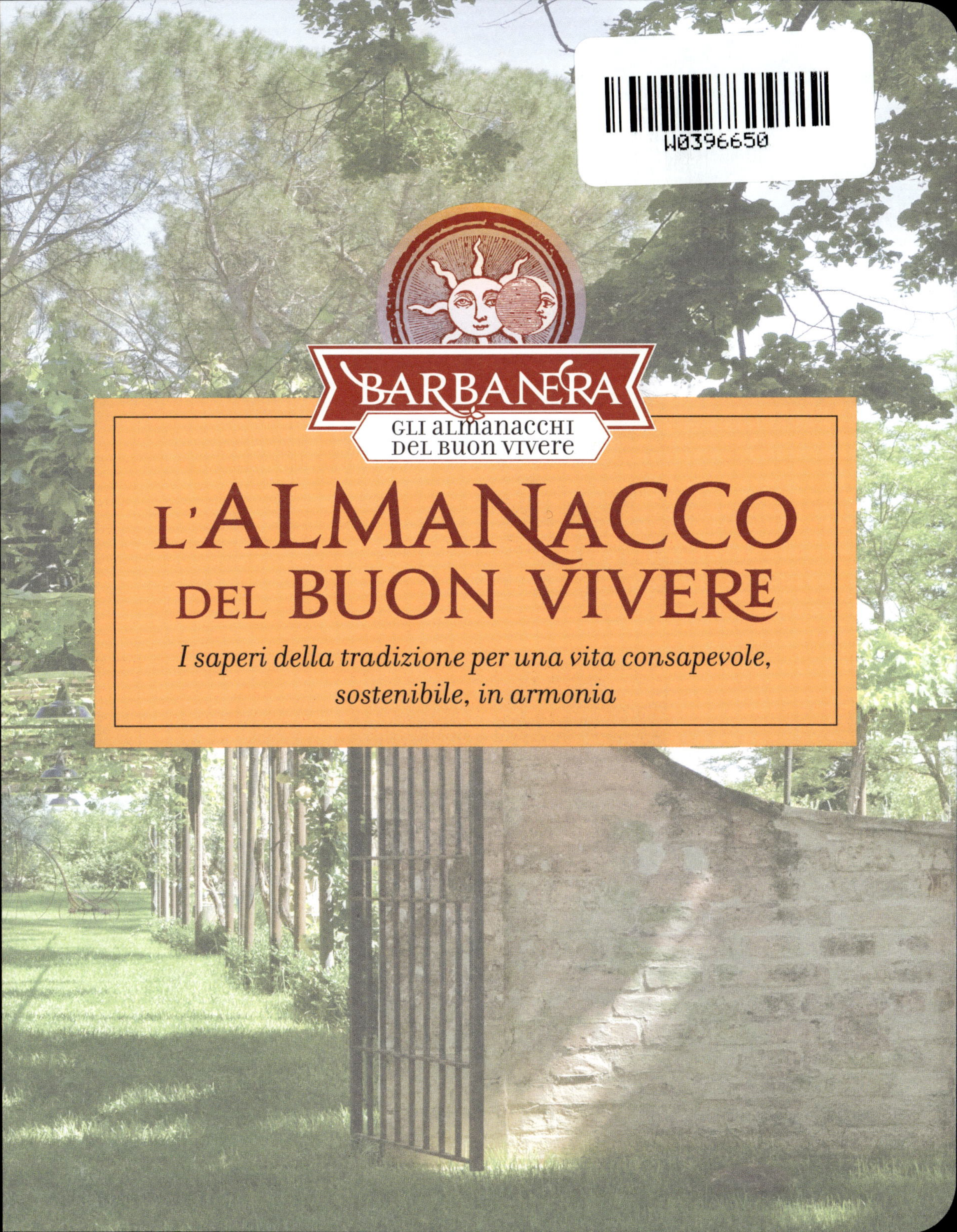

BARBANERA

GLI ALMANACCHI DEL BUON VIVERE

L'ALMANACCO DEL BUON VIVERE

I saperi della tradizione per una vita consapevole, sostenibile, in armonia

Sommario

L'Almanacco del Buon Vivere

Di stagione in stagione, tutto quel che c'è da fare e sapere per uno stile di vita in armonia con i cicli del tempo. Un modo semplice e naturale per scoprire le buone pratiche della tradizione che fanno bene a noi e al Pianeta.

Un Almanacco per vivere felici

Cosa troveremo in queste pagine ispirate all'Almanacco Barbanera? Ce lo racconta Franco La Cecla, illustre studioso del vivere, delle emozioni e dei gesti del quotidiano.

Siamo fatti di corpo, anima e geografia. Nel senso che nonostante la velocità, la grande mobilità, internet e compagnia bella, ci troviamo a vivere da qualche parte. Il "qui" in cui viviamo giorno per giorno fa parte del nostro benessere o malessere e noi contribuiamo a farlo essere un bel posto o no. Uno dei piaceri della vita è **assaporare ogni mattina il cambiare della luce, del vento, della temperatura, i colori del cielo, degli alberi, delle strade**. *Nonostante i capricci del cambiamento climatico noi percepiamo il presente rispetto all'ieri e al domani e siamo sensibili alle variazioni del passare del tempo. Anche se siamo molto mobili,* **viviamo di abitudini che hanno a che fare con il funzionamento del nostro corpo, della mente e delle emozioni**. *Il nostro Paese ha sviluppato una grande civiltà del quotidiano, dal caffè mattutino, ai bar, alle chiacchiere con il giornalaio sul tempo e su ciò che è avvenuto appena ieri. Ci sono paesi dove al mattino le donne si incontrano per raccontarsi ed interpretare i sogni fatti durante la notte. Durante la giornata, qualunque sia il lavoro svolto, la pausa pranzo con i rumori familiari – quello dei piatti, dello sfrigolare del sugo, del fuoriuscire del caffè – ci riportano ad una dimensione terrestre del nostro vivere. Riusciamo ancora a coniugare i nostri sogni e le nostre aspettative con la rassicurazione che la vita quotidiana ci dà con la sua "normalità". Questo ci collega agli altri con una condivisione di cui non ci rendiamo conto, ma che è importante per farci sentire dentro ad una comunità di maniere di fare.* **Ci lega alle generazioni precedenti, ai nostri figli e nipoti. Si chiama cultura, e con un termine molto più interessante "saperci fare". È quanto ci racconta da oltre due secoli e mezzo l'Almanacco Barbanera (scusate se è poco)**. *Sappiamo o impariamo a vivere bene, conoscendo come essere parte del posto in cui viviamo e della gente che ci vive con noi.*

Piccoli passi per cambiare il mondo

Siamo tutti degli atleti, anche se non corriamo ogni giorno, non facciamo sport né esercizi fisici o mentali. Proprio perché ripetiamo ogni giorno gesti, maniere di fare, di occuparci di noi stessi e degli altri e dell'ambiente che ci circonda che **ci portano ad un essere sempre più allenati ed esperti di come vivere meglio**. *Per questo riciclare i rifiuti, evitare se possibile, di essere chiusi nelle auto/scatolette per accompagnare i figli a scuola o andare al lavoro, coltivare prodotti sani o cercarli presso i produttori, gioire con coloro che ci circondano di feste, racconti, canti, danze, processioni e spettacoli che abbiamo contribuito a tenere in vita, tutto questo è una forma di esercizio.* **Perché è la maniera più concreta di "cambiare la propria vita" e anche di "cambiare il mondo"**. *Non si tratta solo di piccoli passi, ma di una progressione costante. Sappiamo di non essere soli in questa idea. Il miglioramento di noi stessi e dell'ambiente che ci circonda non va affidato a gente da eleggere, a guru o a leader di ipotetici movimenti di massa.* **Siamo noi nella vita quotidiana ad avere il polso e il potere effettivo di cambiamento** *e questo è vero nel nostro Paese, come in India o in Africa o negli Stati Uniti. È la grande scoperta che per fortuna si diffonde in volute sempre più ampie. La buona vita, il buon esercizio di un gusto diverso per il cibo, gli oggetti d'uso, la casa e la città si basano su una semplice evidenza.* **Nulla come un Almanacco del Buon Vivere ci scandisce la giornata e ci dà la sensazione di un buon effetto che si ripete**. *Nessuno come noi che viviamo in un posto sa come quel posto potrebbe migliorare, anche poco, anche per piccoli passi.*

CHI È, COSA FA: FRANCO LA CECLA

Antropologo, architetto, scrittore, regista, ha insegnato antropologia in varie Università europee ed americane. Ha lavorato sull'antropologia della vita quotidiana a Parigi con Marc Augè, dedicando al tema varie opere. Lavora attualmente tra l'India e la Cina sulle emozioni e l'affettività. È da sempre un attento e acuto osservatore della quotidianità italiana e dei suoi riti. Collabora stabilmente con La Repubblica, L'Avvenire, Il Sole 24 Ore.

PRIMAVERA

marzo aprile maggio

*"Avremo una Primavera fredda sul principio.
Ma i prodotti di questa stagione saranno
molto saporiti. Poi l'azzurro del cielo
in tutto il suo splendore rallegrerà la natura,
utilissimo ai lavori di campagna."*

Barbanera 1800

Primavera

Una nuova energia è nell'aria. Le giornate si allungano, il clima si fa mite. Torna il desiderio di passeggiare nel verde, c'è voglia di rinnovare la casa, di far rifiorire balconi e giardini, di farsi prendere per la gola dai gustosi piatti di stagione. Tutto rinasce, in casa e fuori, nel corpo e nell'anima!

Il fiore: la pratolina

Con i suoi timidi fiori la pratolina – *Bellis perennis* – annuncia la primavera. Assai nota per il classico "m'ama non m'ama" a cui affidare speranze e sogni d'amore, pochi sanno invece che è un'ottima erba campagnola dalle efficaci virtù antinfiammatorie. Le foglie tenere si mangiano crude in insalata o cotte in zuppe, minestre, frittate.

Spigolando

L'EQUINOZIO DI PRIMAVERA

A volte il 20, altre il 21 o il 22 marzo, il sole lascia il segno dei Pesci per entrare in quello dell'Ariete. Ma soprattutto notte e giorno avranno ugual durata. Di lì, le giornate riprenderanno ad allungarsi. Andando indietro nel tempo, l'Equinozio, antico Capodanno, era affollato di riti e feste in cui la ripresa della vita seminava la terra di fuochi e danze per assicurarsi buoni raccolti. Si credeva che più alto si fosse saltato sopra il fuoco, più alto sarebbe cresciuto il grano.

Il tempo

L'arcobaleno mette allegria e porta con sé anche qualche notizia meteo. Se appare al mattino annuncia pioggia, se giunge di sera aspettiamoci bel tempo. Quando se ne vede uno doppio, ci sorprenderà scoprire che se nel primo il colore più esterno è il rosso e il blu quello interno, nell'altro i colori si invertono.

LA PAROLA: RINNOVARSI

Al di là dell'età biologica, è un dato di fatto che si può invecchiare a qualsiasi età se ci si rifiuta di imparare cose nuove. Questo perché il cervello si modifica a seconda delle attività che si svolgono. Più si è dinamici, più si tiene in esercizio la mente con nuovi saperi e abilità, più si accrescono i neuroni.

E buona giornata!

Piccoli segreti per stare bene

Non ci vuole poi tanto a partire con il piede giusto, a rispondere con un sorriso a chi ci è vicino, in casa e fuori. Farà bene agli altri e molto anche a noi!

Favorire il buonumore si può! Ad esempio indossando abiti arancioni, il colore dell'ottimismo e della fiducia in se stessi. Oppure passeggiando, magari a piedi scalzi, nel verde dei prati. O esercitandosi a pensare con fiducia alla vita.

Basta una stella per far sera, basta un'ape per far primavera Teniamolo a mente questo proverbio, vero inno all'ottimismo e alla speranza. Andrebbe ricordato a tutti coloro che non sono mai soddisfatti, quando in realtà per essere felici basta poco! Una stella, appunto, o un'ape.

Meglio pedalare Con le prime piacevoli giornate di marzo, niente di più rilassante di una tranquilla, salutare pedalata. Anche perché andare in bicicletta all'aria aperta, da soli o in compagnia, è un prezioso aiuto nella gestione dello stress. Mettere il corpo in movimento obbliga infatti alla concentrazione e libera così la mente da pensieri e tensioni accumulati al lavoro e in famiglia. Pedalare pacifica rabbie e incomprensioni tra i partner, agevola il dialogo e aiuta a ritrovare l'armonia. Se poi lo si fa in mezzo al verde con la propria famiglia, o pedalando per la città, è certamente diverso che stare chiusi in macchina in mezzo al traffico. La primavera è iniziata, tutti in sella!

IL PROVERBIO

L'ulivo benedetto vuol trovar pulito e netto.

Con la Pasqua alle porte si mette mano alle pulizie a fondo. Sui materiali tradizionali, quali cotto, pietra, legno, piani di ardesia, marmo, non vanno usati detergenti aggressivi che possono provocare macchie incancellabili. Da preferire sapone di Marsiglia liquido.

Doni di... natura

Erbe e fiori per le insalate

Con la natura che si risveglia, basterà poco per trovare erbe e fiori d'ogni tipo, freschi, buoni e salutari. Nei prati esposti a sud già spuntano le viole, le primule e le pratoline, ottime nell'insalata. I boccioli di pratolina si possono anche conservare sott'aceto come i capperi. Poi c'è il crescione, erba spontanea che si trova con facilità lungo i ruscelli di collina e mezza montagna: le sue foglie tenere e aromatiche sono perfette nelle insalate, come quella fatta con crostini di pane integrale, dadi di formaggio primo sale e foglioline di crescione, condita con olio extravergine di oliva. Se poi ci si innamora del suo gusto, si è ancora in tempo per seminare il crescione nell'orto o sul davanzale.

Buone pratiche di Primavera

VITA ALL'APERTO *Con la bella stagione torna il piacere di stare all'aperto. In terrazzo, in giardino, poltrone e divanetti di bambù, sempre fuori ed esposti a sole, polvere e pioggia, necessitano ogni tanto di pulizia. Vanno lavati con acqua, detersivo e un po' di ammoniaca. Poi si sciacquano spazzolando bene e, quando sono asciutti, si trattano con olio di lino.*

CONTRO GLI INSETTI Piantiamo la menta tutto intorno alla cantina o alla dispensa che si intende proteggere. È una pianta facile da coltivare che si propagherà velocemente. Il suo intenso profumo tiene lontani topi e insetti.

RISPARMIARE ACQUA *I frangigetto da installare sui rubinetti miscelano l'acqua con l'aria e ne riducono il consumo di circa la metà.*

UOVA E PIANTE Se stiamo ad esempio preparando una gustosa frittata, mettiamo da parte i gusci delle uova, essicchiamoli nel forno e polverizziamoli utilizzando il frullatore. La polvere ottenuta sarà un ottimo fertilizzante per le piante in casa.

CASSETTI D'ANTAN *Se ci piace foderare mensole e cassetti con carta adesiva colorata, magari a fiorellini, prima di stenderla lasciamo la carta per qualche ora in frigorifero. Riusciremo a metterla con più rapidità e soprattutto eviteremo il formarsi di bollicine d'aria.*

In casa: naturalmente!

Pratici consigli, gesti della tradizione che fanno bene alla quotidianità. Nel rispetto dell'ambiente e di un più sano stile di vita.

W la frutta

La "forza" del limone Se aprendo il frigo ci investe un odore sgradevole, allora dobbiamo vuotarlo e pulirlo con acqua e aceto. Esistono anche degli assorbiodori naturali che aiutano a prevenire l'inconveniente. Tra questi il limone, da collocare metà nella parte alta e metà nella parte bassa del frigo. È efficace anche per la pulizia dei taglieri che, spesso, recano tagli e segni sulla superficie lasciati dai coltelli. Per togliere eventuali residui di cibo e per evitare che i tagli anneriscano, si spazzolano con succo di limone e bicarbonato. I taglieri in legno si puliscono strofinandovi mezzo limone.

Una mela... per il marmo "Una mela al giorno toglie il medico di torno". Così un vecchio proverbio sottolinea le sue benefiche virtù. E le bucce? Hanno più di un'utilità: ad esempio strofinandole dalla parte della polpa sui ripiani di marmo avranno l'effetto di sgrassarli e di renderli lucidi! Anche un catino di acqua in cui si sarà diluito un cucchiaio di aceto risulterà di uguale efficacia. Ricordarsi però di asciugare sempre.

IL BUON CONSIGLIO

Un pizzico di bicarbonato

Per chi non voglia utilizzare prodotti chimici per la pulizia del forno, esiste un'efficacissima alternativa tutta naturale. Si prepara una pastella di acqua e bicarbonato da stendere sulla superficie del forno freddo: lasciata agire per tutta la notte, si toglierà poi con una spugna, sciacquando bene. Per il forno a microonde si userà invece una soluzione di quattro cucchiai di bicarbonato in un dl di acqua calda.

I "ferri" del mestiere! In cucina.

Bottiglie splendenti

Seguendo una vecchia usanza del passato, c'è ancora chi pulisce le bottiglie utilizzando sabbia o renella, che è un sistema efficace anche con i residui di calcare. Altrettanto utile, in quest'ultimo caso, sarà una miscela fatta con acqua tiepida, aceto, riso e sale grosso. Si versa il preparato nella bottiglia, si scuote e si lascia riposare per diverse ore, quindi si torna a scuotere di nuovo. Una volta sciacquata, la bottiglia tornerà pulitissima.

Pentole come nuove

Capita di avere esigenze particolari per le pentole, come dover rimuovere del cibo bruciato. In questo caso si versa nella pentola dell'acqua molto calda e qualche goccia di detersivo. Si fa agire per dieci minuti, poi, se la pentola non è antiaderente si raschia con una paglietta.

Per le pentole antiaderenti si versa dell'acqua calda con un cucchiaio di detersivo per lavastoviglie, si fa bollire lentamente per venti minuti finché la parte bruciata si stacca.

Le pentole di alluminio, invece, quando vi si fa bollire l'acqua tendono ad annerire. Per pulirle, dopo averle lavate, ci si passa sopra qualche goccia di succo di limone.

ARGENTO BRILLANTE

A volte posate e oggetti d'argento, invece di brillare, si mostrano un po' ingialliti. Per far sì che recuperino tutta la loro lucentezza, vanno messi in un contenitore foderato con un foglio di alluminio, per poi versarci sopra, fino a coprirli, dell'acqua calda con due manciate di sale fino. Lasciati a bagno per un'ora, vanno poi strofinati e asciugati rapidamente. Nessun accorgimento particolare richiedono invece le posate d'acciaio inossidabile, che si lavano con acqua e detersivo. Per tutte le posate, comunque, vale la regola che per evitare i depositi calcarei si asciugano con un panno e non vanno lasciate bagnate.

Amica Luna!

Calante o crescente, Nuova o Piena, la Luna saprà rivelarsi straordinaria alleata nei più diversi momenti della giornata.

Dall'ALMANACCO BARBANERA del 1853

"Dai nuvoli vaganti il Sol si copre e oscura. Dall'opre e non dai giorni il viver si misura."
Un invito a realizzare i propri progetti, a non farsi condizionare dall'età. La creatività non è legata agli anni. Il 21 marzo, con l'arrivo della primavera, meglio ancora se è anche Luna Nuova, pensiamo a una ristrutturazione creativa della casa.

COSA FARE CON LA LUNA CALANTE

Ci vuole la talea
Può capitare, curando le piante, di spezzare o tagliare un apice o un rametto laterale. Si può utilizzare come talea. Basta infilarlo nel terriccio torboso misto a sabbia di fiume o nell'acqua. Spunteranno radici e saranno nuove piante.

Salsa di erba cipollina Pianta dalle molte virtù curative, l'erba cipollina è buonissima in cucina. Raccogliamola tagliandola con le forbici per non rovinare il bulbo. Proviamola in questa salsa: frulliamo 250 g di erba cipollina, 125 g di yogurt naturale, il succo di 1 limone, 50 ml di panna liquida, poco sale. È perfetta con i gamberetti e con il pesce in genere.

COSA FARE CON LA LUNA CRESCENTE

Rami fioriti più a lungo I rami fioriti legnosi, come le forsizie, e i rami di alberi da frutta in vaso durano di più se si schiaccia l'estremità del ramo con un martello.

Vetri brillanti I vetri smerigliati si puliscono con una spazzola bagnata in acqua caldissima e aceto. Poi asciughiamoli con uno strofinaccio morbido. Oppure passiamoli con mezzo limone e sciacquiamoli con molta acqua fredda.

Stirare senza fatica Per stancarsi meno stirando, appendiamo i capi – maglie, camicie, vestiti, pantaloni – ad asciugare sulle stampelle: non si formeranno le pieghe.

UNA PAUSA RIGENERANTE

Seguire i ritmi del cielo e della terra per vivere in armonia con se stessi e con gli altri. Riscoprendo la bellezza delle cose semplici e naturali.

Fra campagna e città

In cerca di "potature"

È questo il momento dell'anno in cui, alle prime giornate assolate, si può programmare di fare una piacevole e utile passeggiata in campagna, per respirare a pieni polmoni il ritorno della primavera, ma anche per fare scorta di "potature", cioè di quei rami e rametti che sono stati tagliati dagli alberi per dare vigore alla pianta. Ovvio come la raccolta possa avvenire solo dopo aver chiesto il permesso ai proprietari di frutteti, vigneti od oliveti, che spesso gettano via questa legna assai preziosa in cucina. Importante anche accertarsi che le piante da cui provengono siano rigorosamente biologiche. E se tutti gli alberi da frutta danno legna adatta per accendere il fuoco sotto la griglia e per la cottura nel forno a legna, il consiglio per i palati più esigenti è quello di utilizzare il ciliegio per cuocere nel camino grigliate di carni rosse, l'olivo per carni bianche, agnello e pesce alla griglia e anche nel forno per pani, focacce, pizze e torte salate. Rami e legnetti di vite, invece, sono l'ideale per cuocere carni di maiale e di manzo, anche con rudimentali spiedini e, se qualcuno volesse cimentarsi nella pratica, pure per affumicare le stesse carni.

I rami e i rametti delle potature *sono anche adatti alla realizzazione di lavori di bricolage che sfruttino i diversi colori e le diverse sfumature del legno. Ad esempio ci si possono fare con facilità delle cornici per specchi, giocando su forme e contrasti di colore.*

IL BUON CONSIGLIO

Un cesto da intrecciare

Basta guardare in casa per capire come ancora oggi ci siano degli oggetti che vengono direttamente dalle piante. Ad esempio le rustiche scope di saggina usate in giardino, i bei canestri di vimini, setacci e mortai di legno. Allora sarà piacevole, magari portando anche i più piccoli che vi troveranno un sicuro divertimento, imparare quell'antico saper fare. In tutt'Italia si trovano, seppur "specie" in via di estinzione, straordinari canestrai e canestraie che possono svelarci i segreti dell'intreccio. Dalla raccolta dei vimini (Salix viminalis)*, alla sua preparazione, fino alla realizzazione finale. Indirizzi si trovano anche in rete.*

più eco meno spreco

Piccoli accorgimenti per un vivere consapevole, che rispetta l'ambiente e fa anche risparmiare.

Andiamo nel bosco Fare una raccolta di ramaglie e pigne nei boschi per accendere il caminetto sarà utile a preservarli dagli incendi. Con meno materiale secco a terra il rischio, infatti, diminuirà.

Scegliamo l'aceto Al posto del brillantante, nell'apposita vaschetta della lavastoviglie versiamo un po' di aceto a bassa acidità. I nostri reni e l'ambiente ce ne saranno grati.

IL COMPITO DI "ECOGUARDIA"

Difendere l'ambiente può anche diventare un gioco. In che modo? Affidando a turno, ad un membro della famiglia, il compito di "ecoguardia". Ruolo che consiste nel controllare la raccolta differenziata, l'uso della lavatrice, della lavastoviglie a pieno carico, lo spegnimento delle lucine di standby di televisore, impianto hi-fi, stampante e computer, quando non vengono utilizzati. Ruotare il compito permette a tutti di responsabilizzarsi. Si può passare poi al secondo grado di impegno: ridurre la spazzatura comprando prodotti sfusi.

QUALE FRIGORIFERO

Nella scelta di un frigorifero si deve tenere conto che uno troppo grande non serve e spreca energia: vanno calcolati circa 40 o 50 litri di spazio a persona. La temperatura ottimale è compresa fra i 7 e gli 8°C, questo perché ogni grado centigrado in più consuma addirittura il 6% di energia! Meglio poi evitare di mettere in frigorifero cibi caldi e lasciare spazio a quelli da scongelare. Infine, l'elettrodomestico va posizionato a 5 centimetri dalla parete e possibilmente lontano da fonti di calore, quali fornelli o caloriferi. Questi semplici accorgimenti serviranno a far smaltire meglio al frigo il calore in uscita e in questo modo si consumerà meno energia.

Dalla tradizione...

Ogni epoca ha scoperte, innovazioni, intuizioni. Oggi sono tecnologie e web i grandi catalizzatori di talenti, un tempo poteva essere un semplice, rustico igrometro. Racconta Barbanera nel 1883: "Il nuovo igrometro, istrumento inventato da un alpigiano, è composto di un ramoscello di abete in forma di croce attaccato con due chiodi. All'estremità di una delle braccia si colloca una specie di quadrante, sopra cui si scrive pioggia, bel tempo, caldo grande. Il ramoscello di abete, che ha dai 3 ai 4 millimetri di diametro, non si priva della corteccia, e deve essere libero nel mezzo, così sente più a lungo l'influenza delle variazioni atmosferiche, ed oscillandole indica sul quadrante".

A proposito di... acqua

Un bene prezioso

L'acqua è un bene prezioso e non va assolutamente sprecata. Ad esempio, si deve tenere presente che la doccia rispetto al bagno fa risparmiare tra i 70 e i 100 litri di acqua ogni volta. Importante poi chiudere il rubinetto mentre ci si insapona, ci si rade o si lavano i denti. Periodicamente è necessario anche verificare lo stato di salute dell'impianto idrico, perché in questo modo si evitano perdite. Non bisogna inoltre utilizzare lo sciacquone come cestino dei rifiuti e va eventualmente sostituito quello vecchio con sistemi più moderni. In alcune famiglie, addirittura il 40% dell'acqua pura usata in casa finisce nel wc!

Non solo *casa*

Quando si lava l'automobile, tenendo aperto il tubo dell'acqua per 10 minuti si consumano 36 litri d'acqua, mentre un normale impianto di lavaggio ne usa la metà. Alcuni impianti, poi, sono dotati di un sistema di riciclaggio.

L'ideale è lavare l'auto sopra un prato, perché l'acqua bagnerà anche l'erba. Per la carrozzeria va usato pochissimo detergente biodegradabile sciolto nell'acqua, passato con una spugna e risciacquato subito. Le poltrone in pelle vanno pulite con un panno imbevuto d'acqua e limone strizzato.

I sedili in tessuto si detergono con una pezzuola imbevuta d'acqua e aceto, le parti interne lavabili con acqua e alcol. Per vetri e fanali si usano acqua e aceto e per evitare aloni sui vetri si strofinano ancora umidi con carta di giornale.

PER COMINCIARE...

I dentisti dicono di spazzolarsi i denti per almeno due minuti, ma da un rubinetto in un minuto escono circa 10 litri d'acqua. Due minuti equivalgono a 20 litri d'acqua: uno spreco enorme! Per lavarsi i denti, allora, è preferibile inumidire lo spazzolino, chiudere il rubinetto e riaprirlo per gli sciacqui. Se ci si fa la barba con il rubinetto aperto lo spreco è ancora maggiore. Meglio mettere il tappo al lavandino, riempirlo un po' e sciacquare lì la lametta.

Lavastoviglie "salva acqua"

A volte si ha la convinzione contraria, ma ormai lavando i piatti con le lavastoviglie di ultima generazione si consuma meno acqua rispetto al lavaggio a mano. Lavando un carico di 12 coperti con le moderne lavastoviglie, infatti si consumano solo 10 litri d'acqua contro i 100 del lavaggio a mano. Con l'acqua calda il consumo di energia si riduce del 50%, di detersivo del 40%. Se poi non dobbiamo mettere subito via i piatti, riduciamo la fase di asciugatura che comporta sempre un certo consumo di energia.

Un'insolita proposta

Benedetta pioggia!

L'arrivo della primavera è sinonimo di piogge rigeneratrici che possono essere facilmente raccolte e utilizzate nell'orto, sul balcone e nel giardino. Si potrà così disporre di un "prodotto" di stagione che farà bene alla salute della Terra e, perché no, pure alle nostre tasche! Forse non a tutti è noto infatti che un irrigatore automatico, lasciato acceso per un'ora, consuma tanta acqua quanta ne utilizzerebbe una famiglia di quattro persone in due giorni. Altrettanto sorprendente è che annaffiando nelle ore più calde si fa evaporare il 90% dell'acqua utilizzata. Ora, in tempi in cui il risparmio idrico si impone, imparare a raccogliere l'acqua piovana può davvero fare la differenza. Basterà acquistare dei contenitori per la raccolta nei negozi specializzati (nelle serre oppure nelle grandi ferramenta) da collocare sotto i canali di scolo delle grondaie. Avendo spazio si possono collegare tra loro più contenitori. L'acqua così raccolta si potrà conservare proteggendola con un coperchio, non solo per mantenerla pulita, ma anche per ridurre l'evaporazione.

SEMPLICITÀ
È IL RISULTATO
DIRETTO DI
UNA

L'idea sostenibile

Libri nei vecchi armadi

I begli armadi di un tempo, solidi e di vero legno, soprattutto se hanno alla base dei cassetti, possono diventare eleganti librerie in tre semplici mosse. Prima: levare le porte che si possono tra l'altro trasformare in tavoli. Seconda: verniciare l'interno di bianco o con una tinta brillante o rivestirlo con una carta da parati. Terza: montare dentro mensole di vetro o di legno dipinte o tappezzate come l'interno dell'armadio. Tanti i possibili effetti scenici: moderno, usando una vernice argento, pop con una tappezzeria a grandi fiori vivaci. L'idea è di famosi designer sensibili all'idea del riciclo.

La buona *abitudine*

RINFRESCARE I MATERASSI *Quelli di lana una volta si rifacevano in casa. In una giornata di sole arrivava il materassaio: la fodera veniva lavata, la lana cardata e stesa al sole. Poi, alla fine, con un lungo ago ricurvo, veniva ricucito il materasso tra la curiosità dei bambini. Oggi pochi ormai hanno materassi di lana, ma ogni materasso richiede comunque una buona manutenzione. Vanno aerati ogni giorno, specie quelli di lattice perché non si formi umidità, se di lana o cotone vanno rivoltati regolarmente e tutti ricoperti con fodere da lavare spesso.*

L'arte di tinteggiare

Se si vuole ridipingere l'esterno della casa, è meglio farlo nei mesi di primavera o aspettare l'autunno. Poiché è preferibile il clima asciutto, si consiglia di lavorare nelle ore centrali della giornata, quando l'umidità è più bassa. Inoltre, per ottenere una tinteggiatura uniforme, è sempre meglio – se possibile – riposarsi o interrompere l'opera in corrispondenza di spigoli, porte, finestre e simili.

Un po' di primavera

Nella stanza da bagno comincia la giornata, è importante quindi che sia accogliente. Materiali tattili come legno, pietra e ceramiche irregolari, fatte a mano, possono renderla più sensuale. Lo stesso faranno una sedia o una panca di legno con bei cuscini, una morbida luce diffusa, un tappeto in materiale naturale, delle candele. Spesso poi le pareti sono bianche. Nel caso si debbano ridipingere, si può optare per tinte più calde. Anche delle stampe da mettere al muro vivacizzeranno l'ambiente. Poi ci sono le piante, ad esempio le felci, da appendere al soffitto in cestini se l'ambiente è piccolo, oppure, se lo spazio non manca, di grande effetto sono le "palme farfalla": stanno bene anche messe insieme, addossate, ma ognuna con un proprio vaso. Ora poi che è primavera, un cestino di giunchiglie o di narcisi farà aumentare il buonumore fin dalla prima doccia.

La Festa. Buona Pasqua!

"Pasqua, alta o bassa, uova sode e cucina grassa."

Le uova della rinascita!

Sode e benedette, allegramente decorate o di cioccolato con sorpresa, le uova sono le protagoniste delle tavole pasquali. E allora, perché tutto sia perfetto, perché le uova sode non si incrinino durante la cottura facendo fuoriuscire l'albume dal guscio, c'è un segreto: un cucchiaio di aceto nell'acqua eviterà lo spiacevole inconveniente. Se invece si vogliono utilizzare le uova come decorazione, diventeranno azzurre se lessate con i carciofi, verdi con il prezzemolo e gialle con lo zafferano. Infine i gusci, essiccati in forno e poi polverizzati con il frullatore, saranno un ottimo fertilizzante per le piante.

IL BUON CONSIGLIO

Una pioggia di narcisi

Insieme alle tante decorazioni che possono essere acquistate per rendere bella e gioiosa la tavola di Pasqua, l'aggiunta di un piccolo tocco personale renderà ancora più indimenticabile la ricorrenza. Ad esempio preparando dei simpatici segnaposto. Procurarsi i bulbi già in fiore dei narcisi. Prendere delle uova, rompere con un martelletto l'estremità più a punta e vuotarle del tuorlo. Si formeranno così dei piccoli contenitori in cui si collocherà il bulbo che si provvederà a tener fermo con del muschio inserito fino a riempire l'uovo. Altro muschio posto all'esterno, alla base di ogni segnaposto, servirà a tenerli ben saldi sulla tavola.

Nell'orto, nel giardino e sul balcone

Tempo di grandi manovre! Tutto riprende dopo la pausa invernale, tra semine, trapianti e innesti che guardano avanti alla bella stagione.

Coltivare fa bene

E non si tratta di un semplice modo di dire, ma di una vera e propria pratica, l'ortoterapia. Consiste nel "metter su" un orto, curarlo e coltivarlo per migliorare il benessere psicofisico di un individuo. Sempre di più gli esempi che coinvolgono persone di ogni età in scuole, ospedali, case per anziani, carceri. Una terapia verde, utile a recuperare fiducia in sé e a favorire la socializzazione.

IL PROVERBIO

L'acqua fa l'orto.

Perché l'acqua, comunque e sempre, è essenziale e insostituibile. Oggi si sa che sarà l'oro blu del futuro, il bene che avrà un enorme valore. Per questo nella progettazione delle case si torna a prevedere cisterne per l'acqua piovana o sistemi di purificazione e riutilizzo delle acque. Conviene pensarci in tempo.

L'AMICA DELLE API!

In nome della salute della Terra è bene pensare agli insetti "amici". Come ad esempio le api, molto attratte dai fiori della borragine. Facilissima da coltivare, la Borago officinalis *si semina in vaso o in terra ad aprile in Luna crescente. Di rapido sviluppo, le foglie giovani sono molto buone, quelle piccolissime in insalata, quelle grandi cotte. Anche i fiori, di un bel colore blu, sono commestibili e si usano per guarnire insalate e macedonie.*

NEL GIARDINO

La strana coppia. Prezzemolo e rose!

Con la primavera orto e giardino entrano nel vivo e anche le "amicizie" verdi trovano molte nuove occasioni di incontro. Il riferimento è alle consociazioni, ovvero alle combinazioni di piante che si aiutano a vicenda contro parassiti e altro. Ma non di rado le "accoppiate" danno pure un bellissimo risultato estetico. Seminando ad esempio un letto di prezzemolo ai piedi delle rose, oltre ad avere una raccolta sempre fresca, l'aromatica farà da repellente contro i parassiti e da pacciamatura, favorendo una migliore irrigazione e crescita. Il prezzemolo si può seminare da febbraio fino a giugno. Se le rose sono grandi, faranno da ombreggiante, in inverno poi si poteranno ad alberello o a cespuglio non troppo basso per far ricevere la giusta luce all'aromatica. Si annaffia con regolarità evitando ristagni e se il prezzemolo dovesse ingiallire e le rose mostrare una muffa biancastra sulle foglie, controllare il drenaggio del terreno.

FARE, NON FARE, COMPRARE

Fare *Seminare all'aperto, in Luna crescente, campanula, fiordaliso, garofano. Trapiantare il geranio e piante a fioritura estiva come la bocca di leone e la tagete.*

Non fare *È un momento di passaggio, prudenza! Le escursioni termiche sono ancora forti, esporre quindi le piante con cautela. Non affrettarsi a intervenire sul tappeto erboso a meno che la temperatura non sia sui 15°C e il terreno asciutto.*

Comprare *Acquistare ciò che manca per completare l'attrezzatura, ma prima controllare garage e cantina: vi si potrebbe trovare ciò che serve.*

SUL BALCONE

In un fine settimana

Bisogna cogliere l'occasione di avere un po' di tempo libero per risistemare il terrazzo e renderlo nuovamente bello, fiorito e soprattutto accogliente per godersi momenti di svago. Per prima cosa eliminare le protezioni invernali nelle zone con esposizione più soleggiata. Concimare tutte le piante con concime organico e seminare le aromatiche e le specie annuali da fiore in semenzaio. Dove necessario rinvasare e potare gli arbusti per ridare loro la forma, eliminando i rami secchi o sfioriti.

Dalla tradizione...

Un tempo, il giorno del fidanzamento o del matrimonio, le donne piantavano un melo selvatico per trarne gli auspici: se infatti la pianta fosse cresciuta rigogliosa, tutto sarebbe andato per il meglio, se invece avesse stentato o fosse morta addirittura, fidanzamento disastroso.

Verdi *amicizie*

Ecco un esempio di ortaggi consociati, partner perfetti da crescere nei vasi: una pianta di pomodoro, una di origano, basilico e tagete di varietà nana. Stanno bene insieme perché hanno le stesse esigenze per terreno, luce e acqua. L'origano e il basilico miglioreranno il sapore dei pomodori, mentre la tagete è un deterrente naturale contro i parassiti. Se il contenitore non è abbastanza grande, piantare il pomodoro e solo una delle altre.

IL BUON CONSIGLIO

Respiriamo ad occhi chiusi il profumo del lillà

Sarà il nostro portafortuna. Oppure facciamo lunghe passeggiate, o dipingiamo nella natura che si sta risvegliando. Ne saremo rigenerati.

In forma a primavera

Tutto si risveglia, anche il nostro organismo pronto ad accogliere le buone energie di una natura generosa di profumi ed efficaci rimedi.

In allegra compagnia!

Al lavoro, in famiglia, con gli amici, in società, non si può mai prescindere dal rapporto con gli altri. Il nostro benessere dipende anche dalla "salute" della vita sociale. Il comportamento e i pensieri profondi di ciascuno interagiscono con le altre persone. Partiamo da noi stessi: ognuno ha la possibilità di decidere e scegliere ogni giorno tra leggerezza o pesantezza, disponibilità o rigidità, armonia o conflitto, rispetto oppure contrasto perenne. Avere un atteggiamento positivo aiuta prima di tutto noi stessi. Non è meglio vivere leggeri, senza portarsi dietro il fardello del rancore e del risentimento?

Equilibrio cercasi

Ci sono alimenti che avendo un alto grado di acidità provocano disturbi se mangiati in eccesso. Se infatti troppe scorie acide si accumulano nel corpo, possono provocare reumatismi, irritabilità, squilibri immunitari, carie, astenia e invecchiamento precoce, con ripercussioni sulla vitalità e la salute dell'organismo. Purtroppo la nostra attuale dieta produce un accumulo di acidi maggiore della effettiva capacità di smaltimento. Attenzione allora, perché gli alimenti acidificanti non hanno necessariamente un sapore acido. Il limone e il pompelmo, per esempio, hanno effetti alcalinizzanti, ovvero opposti a quelli acidi e capaci di neutralizzarli. Lo zucchero bianco invece è fortemente acidificante, anche se di sapore dolce. Per ottenere un effetto alcalinizzante si può bere un bicchiere di acqua calda con mezzo limone spremuto e, volendo, un cucchiaino di miele. È questa una bevanda deacidificante che, se presa al mattino a digiuno, risulta più sana e gradevole addirittura del caffè.

PIÙ BELLI COSÌ

Centrifugati quotidiani di verdure rivitalizzano, purificano, disintossicano: provare ravanelli, carota, finocchio oppure sedano, carota e limone. Il sedano in particolare è diuretico e indicato per chi vuole **perdere peso**.

Un programma quotidiano di maschere alla frutta darà luce e **tonicità alla pelle del viso**. *Alla mattina o alla sera sul volto pulito applicare polpa, a rotazione, di banana, ciliegia, fragola, avocado, albicocca e melone. Tenere 15 minuti e sciacquare.*

Per **tonificare le gambe**, *da seduti serrare un libro grosso tra le ginocchia e stringerlo per almeno 5 secondi da 5 a 20 volte. Dopo qualche giorno cominciare, sempre stringendo il libro, a sollevare a squadra le gambe tese. Efficace anche per la parte interna delle cosce.*

Depurarsi con le erbe di campo

Innanzitutto è bene sapere che le erbe che da sempre vediamo nei campi dietro casa sono una fonte inesauribile di spunti e suggerimenti sia per pulire l'organismo da dentro, sia per la cucina di questo periodo. I fiori del **TARASSACO**, come le foglie e soprattutto le radici, sono usati da sempre per il fegato e i reni. Per il gusto amaro vengono utilizzati per insaporire le prime insalate di primavera, aiutando la diuresi. La **GRAMIGNA**, in egual modo, viene usata tradizionalmente per depurare e pulire l'organismo. La radice in infusione o decotto assicura anche un aiuto contro la cistite. Sempre amara, se unita alle insalate oppure passata in padella, acquista un sapore vivace e particolare.

L'**ORTICA**, da sempre bistrattata per il suo effetto urticante, ha una doppia funzione: il decotto, o l'infuso per i meno "coraggiosi", ha un forte potere diuretico e depurativo. Se usata come ultimo risciacquo dopo uno shampoo, dona forza e lucentezza ai capelli un po' opachi. In impacco direttamente sulla cute aiuta a contrastare la fastidiosa forfora, specialmente se causata da un fegato un po' "stanco".

IL BUON CONSIGLIO

Un pieno di vitamine e minerali

Alcuni, forse, si mostreranno increduli, ma si può puntare al raggiungimento del top della forma anche semplicemente con un "pieno" di frutta e verdura. Il periodo è molto favorevole, perché a primavera cominciano le produzioni più gustose che raggiungeranno il boom nell'estate: prima ciliegie e fragole, poi a poco a poco pesche, albicocche, susine, ribes, more... Anche la verdura nell'orto abbonda: insalate, bietole, finocchi, carciofi, sedani e chi più ne ha più ne metta. Non resta allora che approfittarne!

La palestra nel prato

Movimento e fantasia per sciogliere i muscoli

Cibo, palestra e lodi gonfiano in tanti modi. Proverbio attuale in un'epoca contrassegnata da doping e sofisticazioni di ogni tipo. Ognuno di questi elementi, però, se preso nel modo giusto, può sortire un effetto benefico. La miglior palestra resta la natura: proviamo a inventarci esercizi salutari da fare all'aria aperta.

Ecco qualche esempio, poi si continua da soli:

1. Scegliere un piccolo crinale erboso. Indossare una tuta non troppo nuova, stendersi a terra paralleli all'andamento della lieve discesa con le braccia lungo il corpo e lasciarsi andare dolcemente rotolando fino in fondo.
2. Se c'è il sole e fa abbastanza caldo, e soprattutto non è piovuto recentemente, togliersi calze e scarpe e camminare sull'erba, appoggiando sino in fondo la pianta del piede.
3. Se si è in compagnia, uno si bendi gli occhi e, guidato dall'altro, provi a indovinare piante e fiori semplicemente dal loro profumo.

ESTATE

giugno luglio agosto

"Porta con sé l'estate ottime disposizioni nella terra per un anno fertile di fiori, non meno che di frutti e grani d'ogni sorta. Il ritorno del bel tempo gioverà alle uve ed alle ulive."

Barbanera 1862

"Tempesta non guasta estate" rammenta un noto proverbio. E stesso pensiero aveva Gustave Flaubert quando scriveva che... "un'estate è sempre eccezionale, sia essa calda o fredda, secca o umida". Pensieri illustri che riportano in realtà il comune sentire su una delle stagioni più amate dell'anno. E allora lasciamoci andare alle piacevolezze dei mesi estivi, viviamo al meglio queste giornate belle, lunghe, assolate. Rendiamo più allegra la casa, facciamo scorta di benessere ed energie, sulla strada della tradizione.

Il fiore: la lavanda

Con i suoi piccoli fiori blu-violetto, la lavanda accompagna da sempre la stagione calda. Una vecchia usanza era quella di appendernc mazzi in casa insieme ad altre erbe estive, per avere un'azione rinfrescante e deodorante. Le piante profumate sono infatti molto ricche di oli ossidanti che, producendo un ozono aromatico, riescono ad abbassare la temperatura delle stanze.

estate

Spigolando

IL SOLSTIZIO D'ESTATE

Arriva il 21, quando il sole raggiunge il punto più alto sull'orizzonte e si hanno il giorno più lungo e la notte più breve dell' anno. Dal 22 in poi le giornate prenderanno a farsi, poco alla volta, più brevi. Il 24 giunge invece san Giovanni Battista, ricorrenza assai popolare anche perché legata alle celebrazioni pagane del Solstizio. Ancora viva è l'usanza di esporre alla benedizione del Santo dell'acqua con i fiori. Servirà per lavarsi e proteggerà dai malanni.

Il tempo

Protagoniste indiscusse della bella stagione, le stelle, che tanto si rimirano a caccia di desideri, sanno in realtà parlare anche del tempo. Indicano infatti l'arrivo della pioggia se in estate, con il vento da est, si mostrano ai nostri occhi più grandi del solito.

LA PAROLA: MOVIMENTO

Più che le ore in palestra, per star bene conta il movimento quotidiano: salire le scale a piedi, camminare di buon passo senza fermarsi per almeno 30 minuti ogni giorno, alzarsi spesso dalla scrivania. Anche prendersi cura dell'orto, del giardino o più semplicemente del balcone, sarà un bell'esercizio fisico oltre che una bella occasione per ripulire la mente.

E buona giornata!

A tutto vapore!

Il dato è certo, l'estate ci rende più felici. Merito di sole e luce che favoriscono la produzione di serotonina, sostanza che provoca una sensazione di benessere. E allora tutti fuori! Per stare bene secondo natura.

Siamo tutti sportivi Il modo migliore per avviare i bambini allo sport è dare noi per primi il buon esempio. Tutta la famiglia può partecipare a diverse attività: dalle passeggiate a piedi, alle gite in bicicletta, alle escursioni in montagna. In estate poi si può nuotare al mare o in piscina. Così i bimbi si abituano presto a un più sano stile di vita.

Ci vuole Mozart Difficile litigare se si vive tra musica, fiori e profumi. Ascoltiamo allora il concerto per corno e orchestra di Mozart, ma anche circondiamoci di piante "amorose" come rose, mirti, rosmarini, tigli, aranci, limoni, gerani, maggiorana, salvia sclarea, gelsomini.

Aprire la mente Magari in vacanza, ma anche a pochi passi da casa, molte sono le occasioni per ascoltare il silenzio "non silenzioso" della natura. Un modo straordinario per scoprire la bellezza di una dimensione insospettata: il frangersi delle onde sul bagnasciuga, lo stormire del vento tra le fronde, il mormorare dei fiumi. Suoni preziosi, dall'effetto rigenerante.

IL PROVERBIO

Chi viaggia per il mondo impara a vivere.

Però ricordava Marcel Proust: "Il vero viaggio di scoperta non consiste nel cercare nuove mete, ma nell'avere nuovi occhi". Proviamo a girare per la nostra città come fossimo in viaggio, entriamo in locali che non frequentiamo, parliamo con degli sconosciuti. Sarà interessante, come un vero, sorprendente viaggio.

Doni di... natura

A raccoglier camomilla

Punteggiati di camomilla fiorita, i prati ci offrono l'occasione per preparare un buon digestivo. Mettere 100 g di fiori in un contenitore da 2 litri, spremervi sopra un limone e aggiungervi la sua buccia (solo la parte gialla). Su tutto versare 1 litro di alcol a 90° e lasciar depositare 24 ore. Il giorno dopo sciogliere bene 600 g di miele di timo in un litro di acqua calda e versare sopra l'infuso d'alcol: far riposare il preparato al buio per una settimana. Quindi filtrare con una garza, imbottigliare e lasciar riposare almeno 2 mesi prima di bere. Anche da regalare, con belle bottiglie ed etichette dipinte a mano. Raccolta e preparazione con la Luna calante.

Buone pratiche d'Estate

BERE SENZA SPRECHI *Comperare per ogni componente della famiglia un piccolo thèrmos con il tappo a beccuccio. Abituare tutti a riempirlo con acqua fresca filtrata prima di uscire di casa. Quante bottigliette di plastica si risparmiano così al portafogli e all'ambiente?*

SCIROPPI MILLE USI Con fragoline di bosco o ribes si preparano degli sciroppi densi facendoli bollire con 1/3 di zucchero e poca acqua per un'ora, infine si filtra. Si mettono poi in piccoli barattoli di vetro e si sterilizzano. Si usano su gelati e bavaresi, nei cocktail e per aromatizzare gli aceti.

INSIEME È MEGLIO *Si chiamano GAS, gruppi di acquisto solidale che ordinano insieme prodotti all'ingrosso, meglio se a km 0. In questo modo si risparmia, si favoriscono le produzioni locali, spesso biologiche o biodinamiche, e si riduce l'inquinamento.*

GIALLO IN TAVOLA Per suggellare una nuova amicizia, l'ideale è preparare un pranzo all'insegna del giallo, colore di saggezza e ottimismo. Tra le varie cose si possono utilizzare peperoni gialli, fiori di zucchina, polenta, funghi cantarelli, alchechengi, candele gialle e mazzi di fiori del topinambur.

In casa: naturalmente!

Scoprire nei piccoli gesti la forza di un saper fare sempre efficace, ma anche capace di mettere le ali alla nostra creatività.

Dal cassetto della memoria

Come allora Un tempo in montagna i pavimenti a listoni si lavavano a fondo solo una volta l'anno, all'inizio dell'estate, in una giornata asciutta di sole. Le assi si passano, nel senso della venatura, con una spazzola dura, bagnata in acqua calda e sapone di Marsiglia, e poi si risciacquano più volte con stracci e acqua pulita. Si lasciano asciugare bene e si trattano con abbondante cera d'api pura, appena diluita con un pochino di trementina. Il giorno dopo si lucidano. È il metodo più ecologico.

Sapore di sale Insieme alle conchiglie e ai bei ricordi, non dimentichiamo di portare a casa dalle vacanze un vasetto di sabbia. La sabbia sarà ottima per pulire e lucidare gli oggetti di peltro. Prima però bisognerà sterilizzarla tenendola per qualche minuto nel forno caldo. Dopodiché, mescolata a qualche cucchiaio di ammoniaca, sarà pronta per l'uso. Se invece sono i marmi a mostrare qualche piccolo alone giallo, se si tratta di pavimenti pulirli con acqua e ammoniaca, mentre nel caso di superfici più piccole, come il piano della cucina, utilizzare il succo di un limone con un pugnetto di sale fino.

IL BUON CONSIGLIO

Ieri e oggi

Nei palazzi d'epoca rinascimentale d'estate si buttava per terra il fieno appena tagliato per rinfrescare. In Inghilterra si usava l'olmaria, dai fiori bianchi. Oggi possiamo vestire di fresco la casa ricoprendo i divani con teli a quadretti bianchi e azzurri o color blu cielo, mettendo a terra stuoie anziché tappeti, usando cuscini bianchi di cotone e appendendo in cucina mazzi di erbe aromatiche appena raccolte.

I "ferri" del mestiere! In cucina.

Un caffè? No, grazie.

L'estate porta l'allegria nella nostra vita e a volte le formiche nella dispensa. Per eliminarle, prima regola: seguire la scia per scoprire da dove vengono. Seconda: conservare i fondi del caffè e metterli lungo il percorso. Non torneranno più. Se poi dal caffè passiamo al tè, per avere un servizio di tazze e teiere sempre perfetto, si può recuperare l'acqua di cottura delle patate per ripulirlo dalle tracce scure lasciate dalla bevanda. Si versa nella teiera, si lascia agire 24 ore, poi si sciacqua abbondantemente.

Tra *fornelli* e *frigo*

Stufe e fornelli richiedono una regolare manutenzione. Per pulirli, strofinarli bene con l'aceto, oppure lasciarli a bagno per due ore nell'aceto caldo, se lo sporco dovesse persistere. Per togliere invece le tracce di grasso dalle manopole, usare acqua e ammoniaca e uno spazzolino da denti.

Capita che il frigo, pieno di cose che incrociano i loro aromi, abbia un odore sgradevole. In questo caso dobbiamo vuotarlo e pulirlo con acqua e aceto. In aggiunta, esistono degli assorbiodori naturali che ci aiuteranno in futuro a evitare l'inconveniente. Tra questi, i fondi di caffè essiccati o una stecca di vaniglia, collocati a metà altezza del frigo, avranno l'effetto di neutralizzare, anzi, di diffondere un piacevole profumo.

STOP AL CALCARE

Anche se ancora nuovo, il lavello d'acciaio della nostra cucina mostra numerose macchie biancastre. È il calcare dell'acqua che, depositandosi, lascia evidenti tracce. Si eliminano utilizzando un panno imbevuto d'aceto. Se poi il calcare si accumula alla base dei rubinetti, collocarvi delle strisce di carta da cucina imbevute d'aceto. Dopo un'ora le incrostazioni saranno ammorbidite e facili da togliere. Altra soluzione può essere anche il tè. Un pentolino, ad esempio, se immerso proprio nel tè al limone e fatto bollire per pochi minuti, tornerà come nuovo.

Amica Luna!

Romantica protagonista di sognanti notti stellate, di giorno entra nella quotidianità per darci una mano e rendere tutto più efficace.

Dall'ALMANACCO BARBANERA del 1869

"E ci sarà il secondo quarto della Luna che permetterà alla campagna di 'ridere'."

Si tratta ovviamente della Luna calante, la Luna buona come ancora la si chiama nelle campagne. Quella capace di rendere tutto più duraturo, dai lavori in casa, a un nostro stato di benessere, dalle semine, alle confetture che a fine estate entreranno tra una raccolta e l'altra in affaccendate cucine.

COSA FARE CON LA LUNA CALANTE

Ci vuole l'azzurro

Perché è un colore riposante, rasserenante e ha anche la caratteristica di allontanare gli insetti, zanzare comprese. Perfetto per tinteggiare le camere da letto.

Succo di pomodoro

Ci vogliono 1 kg di pomodori ben maturi, meglio se San Marzano. Si passano unendo poi 100 g di zucchero e 2 limoni spremuti. Si versa il succo in bottigliette o vasetti da un quarto a chiusura ermetica, si fanno sobbollire in un pentolone pieno d'acqua dopo averli avvolti in pezze di tela. Vengono quindi sterilizzati per 45 minuti dal momento dell'ebollizione. Conservare i vasi in luogo asciutto e buio. Il succo si consuma dopo due mesi.

COSA FARE CON LA LUNA CRESCENTE

Decorare la tavola Proviamo insolite decorazioni con le verdure di stagione: un fitto cuore di ravanelli rossi – su stuzzicadenti – circondato da rametti di prezzemolo riccio, oppure tralci di piselli e pomodorini nani che cadono artisticamente da un'alzatina.

In famiglia Lavarsi all'aria aperta con una doccia da esterno o da campo – si scalda con il sole – non solo fa bene all'ambiente, ma ci fa anche sentire come se fossimo in vacanza. E fare a turno, sorseggiando una fresca bibita, diventa un gioco da condividere con tutta la famiglia.

una pausa rigenerante

A bussare alla porta sono ovviamente le attese vacanze. Anche se a volte è sufficiente un solo giorno per "spezzare", basta saper guardare i panorami di sempre con occhi nuovi.

I cuscini d'erbe *vengono utilizzati anche a scopo terapeutico, per far fronte in modo naturale a piccoli disturbi. Ma in questo caso è vietato il fai da te. Come per tutti gli usi medicinali delle erbe, il punto di riferimento deve essere sempre un esperto erborista.*

Fra campagna e città

Fiori di campo, profumo d'estate

Che ci si trovi in campagna, in montagna o nel bel mezzo della macchia mediterranea, la natura mette a disposizione tutto quanto possa esserci d'aiuto per realizzare quei pot-pourri all'antica, romantici e soprattutto capaci di donare aromi straordinari senza l'aggiunta di sostanze sintetiche. Siamo infatti nel pieno della stagione in cui è possibile raccogliere un po' ovunque erbe e fiori per realizzare poi degli originali cuscini che diffonderanno il profumo dell'estate. Anche se poi ogni momento dell'anno saprà donare i suoi fiori, le sue erbe, i suoi aromi, raccolti su prati e campi o lungo le rive dei fiumi. Artemisia, camomilla, finocchio selvatico, fiori di tiglio, luppolo, melissa, menta, rosmarino e timo selvatico, le possibilità e le combinazioni sono davvero tante. Muniti di un buon manuale sulle erbe, raccogliamole facendo attenzione al tempo balsamico, cioè quello in cui proprietà e profumo sono nel momento migliore, e a non danneggiare, con la raccolta, l'ambiente. Dopo l'essiccazione, all'ombra, prepariamo dei sacchettini e cuscinetti di varie dimensioni, ma sempre utilizzando stoffe in fibre naturali, da tenere in casa e in borsetta.

Amica erica

Si chiama erica da scope - da non confondere con la saggina o sorgo - ed è l'ideale per la realizzazione di piccole scope utili per pulire bene la spianatoia dove si fanno gli impasti per sfoglie e torte. Senza dimenticare che, per chi ha scelto di averne uno, si usanoper la pulizia del forno a legna. L'erica scoparia è un arbusto alto fino a 1 m e ½ ed è tipico della macchia mediterranea, ma cresce bene anche nei boschi radi. Come si fanno le scope? Si essiccano al sole i rami, quindi si dividono in mazzi selezionando rametti che abbiano la stessa lunghezza, oppure pareggiandoli tagliando i più lunghi. Si formano dei mazzetti non troppo grandi e si legano con una corda o con un rametto di salice fresco, dopo aver infilato all'interno del mazzetto un bastoncino. Le scope per la spianatoia hanno il manico corto, quelle per il forno, lungo.

PIÙ ECO MENO SPRECO

Protagonisti dei mesi estivi, luce e calore del sole aumentano le occasioni per gesti consapevoli e sostenibili.

Sorprendente sughero
Ecco una proposta inconsueta: i pavimenti di sughero. Sono facili da posare, naturali, isolanti e gradevoli al tatto. Se verniciati, ovviamente con vernici ecologiche, sono semplici da pulire.

Insieme si risparmia
Questa è la stagione ideale per organizzare la visita a una città con un gruppo di amici, ovviamente in treno. Se si è almeno in 10, si può anche usufruire di uno sconto del 20%.

PIÙ FRESCHI COSÌ

Con l'arrivo del primo caldo si comincia già a pensare a installare in casa un condizionatore. In realtà si tratta di un'idea piuttosto dispendiosa, anche in senso ecologico. Sono sufficienti invece piccoli accorgimenti per evitare il surriscaldamento delle stanze, come ad esempio tenere le finestre aperte nelle ore notturne, soprattutto quelle esposte a nord, e chiuse in quelle diurne. E se proprio non si può fare a meno dell'aria condizionata si eviteranno problemi di salute mantenendo una differenza tra temperatura esterna e interna di non più di 5°C.

CI VUOLE LA TERRACOTTA

Un'idea carina e semplice per le cene in giardino o sul balcone. Prendere due vasi da fiori di terracotta di diversa grandezza: infilato uno dentro l'altro, tra i due devono rimanere tutt'intorno 3 cm vuoti. Chiudere con la plastilina i buchi dei vasi. Versare nel più grande della sabbia in modo che, mettendo dentro il più piccolo, i due vasi siano alla stessa altezza. Collocare dentro il più piccolo. Unire ancora sabbia fino a riempire tutto lo spazio. Versare sulla sabbia dell'acqua fredda, tanta quanta ne viene assorbita. Coprire con uno straccio doppio inumidito e usare il vaso piccolo per conservare al fresco quello che si preferisce.

A proposito di... sole

Buona energia dal cielo!

Se si dispone di uno spazio all'aperto, si può installare una doccia che entusiasmerà i bambini e ci farà risparmiare. Basterà creare un quadrato di sassi tondi di fiume e circondarlo con papiri e bambù per creare un angolo intimo: e la doccia con canna è pronta per l'uso! Usando una sacca per l'acqua da campeggio, di quelle nere che attirano il sole, avremo a disposizione anche l'acqua calda.

Se c'è da *essiccare*

L'essiccazione è il metodo di conservazione più antico, economico ed ecologico. Frutta, verdura, legumi, ortaggi ed erbe conservano il sapore e concentrano le qualità. Per essiccare al sole servono però temperature elevate, più o meno 30°C, bassa umidità, non olte il 60%, e una buona brezza.
Poi durante la notte tutto va sistemato in un luogo riparato e coperto con un telo, perché lo sbalzo termico creerebbe condensa riportando umidità in frutta e ortaggi.
Se invece parliamo di erica, un tempo con quella essiccata si ricoprivano piccoli capanni e tetti, oggi le foglie servono come concime, mentre gli scarti sono adatti al fuoco del camino. Ma anche prima di diventare secca ci dà i suoi doni: il miele d'erica è tra i più gustosi da mangiare.

TRATTAMENTI BIO

L'aiuto del sole diventa fondamentale nella preparazione di tutti quei rimedi biologici utili a trattare le infestazioni di afidi o di ragnetto rosso su fagioli, piselli e fragole. Si "curano" irrorando di sera, con parsimonia, le foglie attaccate con il macerato d'ortica ed equiseto. Il preparato si ottiene con 1 kg tra fusti e fiori di equiseto e/o foglie di ortica fresca prima della fioritura, fatti macerare in 10 litri d'acqua in un contenitore esposto ai raggi del sole per 3 giorni.

Un'insolita proposta

Sole tuttofare!

Giardino e terrazzo si possono illuminare in modo naturale. E con una riuscita sorprendente non solo in senso estetico, ma anche ecologico. Lampioni, lampade e segnapassi a pannelli fotovoltaici incorporati convertono infatti l'energia solare in energia elettrica ed esistono lampade che si collocano sull'acqua delle vasche con grande effetto scenografico. Fondamentale la scelta di modelli, che non provochino "inquinamento luminoso", direzionati in modo da non compromettere la tranquillità della notte. Ideali per il campeggio i modelli che si infilano a terra con un fusto a paletto. Da ricordare che queste lampade in mancanza prolungata di sole non funzionano, quindi ci si deve premunire di lampade di sicurezza da posizionare nei punti critici. Senza dimenticare, in tutt'altra e più domestica situazione, che asciugare il bucato al sole è sempre il sistema migliore, innanzitutto perché è battericida, poi perché i capi mantengono l'umidità necessaria per essere stirati agevolmente.

Ecologisti in auto

Il caldo e il sole fanno diminuire la pressione degli pneumatici. E quando le gomme sono sgonfie, si consuma più carburante. Chi parte per le vacanze di solito controlla anche l'olio e spesso decide di cambiarlo. L'11% degli italiani lo fa da solo per risparmiare, ma bisogna indossare guanti protettivi, mettere l'olio usato in un contenitore infrangibile – no di vetro – ben chiuso e ben asciutto e infine portarlo al consorzio per la raccolta differenziata degli oli esausti dove sarà riciclato fino al 70%.

L'idea sostenibile

Un giardino per la festa

Una scala di legno, di quelle doppie che si aprono a V, e delle assi di legno larghe quanto i gradini e lunghe abbastanza da essere appoggiate ai due gradini che stanno alla stessa altezza, possono diventare un comodo e originale piano d'appoggio per vivande e bicchieri, quando si vuole dare una festa in giardino. Costa poco ed è facilmente riponibile dopo l'uso. Gli effetti migliori si hanno con scala e assi in legno naturale o verniciati ad acqua, giocando con accostamenti di colore insoliti.

La buona *abitudine*

PEDALARE IN CITTÀ *Un'idea da fine settimana estivo può essere quella di visitare le città italiane a bordo di una... bicicletta. Soprattutto ad agosto, quando le città si svuotano, si avrà la possibilità di girare liberi e spediti godendo di insoliti panorami. Sempre di più sono infatti gli alberghi che mettono a disposizione degli ospiti le due ruote, ma anche le amministrazioni locali danno la possibilità di affittare biciclette: si chiama bike sharing e fa bene a tutti. Dove si trovano? Solitamente nei pressi delle stazioni ferroviarie, alle uscite della metropolitana, delle tranvie e nei luoghi di grande attrazione. Buona pedalata!*

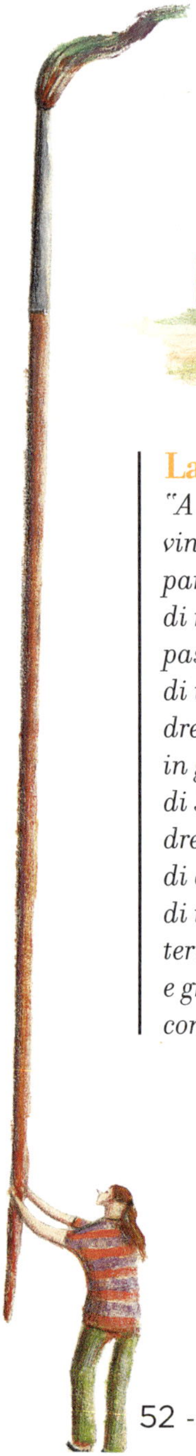

La partita a bocce

"A bocce ferme si saprà chi ha vinto", dice il proverbio. Ma a parte questo, sono davvero tornate di moda le bocce, economico passatempo. Se allora disponiamo di un terreno pianeggiante e ben drenato, si può costruire un campo in giardino. Si scava il terreno di 30 cm e si riempie con ghiaione drenante, si aggiunge un manto di circa 5 cm fatto con una miscela di terre come polvere di pietra, terra vegetale mista, sabbia e graniglia fine, e si termina con uno strato di sabbia.

Fare spazio in casa

È un classico dell'estate: leggere in vacanza tutti quei libri che non abbiamo ancora avuto il tempo nemmeno di sfogliare. Amiamo la lettura e con il passare degli anni i volumi si accumulano in casa in grandi quantità e trovare il posto diventa spesso difficile. Un'idea di facile realizzazione è usare il corridoio. Luogo spesso inutilizzato, può rivelarsi adattissimo a contenere librerie, soprattutto considerando che non tutti gli scaffali devono essere profondi: per i libri economici bastano anche stretti. Quelli grandi, di pregio, si possono invece semplicemente impilare vicino al divano o in un angolo del soggiorno: saranno belli da vedere e daranno un tocco raffinato alla stanza. I ricettari stanno bene in cucina, magari collocati su una mensola sopra la porta. Infine, proviamo ad avere il coraggio, periodicamente, di regalare i libri che non ci servono, non ci piacciono e siamo certi che non leggeremo mai più!

La festa. Benvenuto Ferragosto!

"Ferragosto rinfresca il bosco."

Il giorno più caldo

Il 15 di agosto è un giorno di passaggio. Le temperature salgono sulla colonnina di mercurio donandoci il tempo più caldo dell'anno, ma i temporali cominciano a farsi sentire. "Agosto capo d'inverno", ci ricorda un noto proverbio. Ma noi facciamo finta di niente, anche perché ad attenderci c'è la scampagnata di Ferragosto. Nonostante il caldo, un classico è la grigliata all'aperto. Qualche utile consiglio. Innanzitutto carni e verdure vanno subito scottati con brace forte per evitare la perdita dei liquidi. Poi si abbasserà. Spennellare invece con olio, prima o durante, per impedire che il cibo si asciughi troppo. Quanto allo spessore la carne dovrà essere di almeno 2 cm e il pesce non troppo piccolo, meglio al trancio, tonno o salmone, le verdure 7-8 mm. Eliminare dal cibo cucinato eventuali bruciacchiature.

IL BUON CONSIGLIO

Nella cesta del picnic

Tovaglia e tovaglioli di carta riciclabile. Meglio ancora sarebbe la classica tovaglia a quadrettoni.
Un rotolo di carta assorbente.
Piatti, bicchieri e posate di carta o di plastica riciclabile.
Un tavolino da campeggio – anche piccolo – se non ci sono tavolini di legno nelle aree attrezzate.
Seggioline da campeggio.
Sacchetti per la spazzatura.
Un cavatappi, un apribottiglie e un apriscatole.
Strumenti per la grigliata: barbecue, forchettone, paletta, carbonella, guanti da lavoro, tavolette accendifuoco biologiche.
Condimenti: olio, aceto e sale.
Erbe aromatiche: origano, salvia, rosmarino, basilico e timo.
Una lozione contro gli insetti e la valigetta del pronto soccorso.

Nell'orto, nel giardino e sul balcone

Giorni di sole, di verde, di ortaggi, frutti e fiori. La stagione è quella delle raccolte, di vibranti colori e meravigliosi profumi, pronti a donarsi in cambio di qualche attenzione.

Naturalmente *alleati*

Insetti e parassiti in estate minacciano l'orto. Ma peggio ancora sarebbe eliminarli con i pesticidi. Un tempo fiori e ortaggi convivevano nello stesso orto, anche perché esistono piante capaci di tenere lontani gli ospiti indesiderati. La calendula, posta accanto a pomodori e cetrioli, respinge la mosca bianca con i petali brillanti. Ci sono poi parassiti che riconoscono le piante amate dall'odore. Menta, salvia o rosmarino li disorienteranno con il loro profumo allontanandoli dalle carote. A scoraggiare gli afidi c'è il forte odore della tagete, insieme a quello di aglio ed erba cipollina.

IL PROVERBIO

In tempo di meloni non prestare il coltello.

Ma molte altre sono le raccolte di questi mesi, tra cui pomodori, carote, cetrioli, fagioli, fagiolini, lattuga, rucola, zucchini, melanzane, piselli, peperoni, porri, cipolle, patate, cocomeri. Il melone, piuttosto indigesto, può diventare digeribilissimo se concimato con soli concimi organici.

SE HAI ½ GIORNATA

In questa stagione è possibile raccogliere e conservare le aromatiche da utilizzare tutto l'inverno in cucina. Per maggiorana, origano e timo si raccolgono le infiorescenze che vanno essiccate a testa in giù in luogo fresco e ombreggiato. Per dragoncello, menta e salvia si prendono le foglie prima della fioritura e si essiccano al sole. Una volta essiccate si sbriciolano e si conservano in vasetti di vetro che ne mantengano la fragranza e l'aroma.

NELL'ORTO

Immancabile pomodoro

Si offre generosamente per il consumo fresco ma anche per la buona e tradizionale passata. Il pomodoro, irrinunciabile ortaggio che domina in estate la dieta mediterranea, richiede nel momento della fruttificazione, qualche attenzione in più per evitare una drastica riduzione del raccolto. In questo periodo infatti, in cui le piante necessitano di frequenti annaffiature, è importante che l'irrigazione sia effettuata sempre e solo sotto chioma per evitare che i frutti, specie in fase di maturazione, marciscano a contatto con il terreno bagnato. Ma è questo anche il momento di rinforzare, in caso di produzione abbondante, legacci e tutori a cui sono ancorate le piante: servirà ad evitare che si spezzino. Un tempo, contadini e massaie conservavano i semi dei pomodori migliori per l'anno successivo. Alla fine dell'inverno li mettevano in acqua per uno o due giorni fino a quando non spuntava un piccolo germoglio. Li trasferivano quindi nel semenzaio al caldo fino alla crescita delle piantine.

FARE, NON FARE, COMPRARE

Fare *Raccogliere bulbi e tuberi da conservare: nello specifico preparare le trecce con le cipolle e l'aglio da appendere in un luogo fresco e ombroso.*

Non fare *Attenzione a non lasciare scoperte le radici delle piante, pacciamare con paglia o sfalci del prato per proteggerle dal caldo e mantenere più a lungo il terreno umido.*

Comprare *Dei buoni coltellini da innesto, che con il loro taglio netto senza sbavature, risultano ideali per gli innesti a gemma da fare sugli alberi da frutto a luglio. Luna crescente.*

nel giardino

L'angolo delle ortensie

Piante assai diffuse e amate, le ortensie regalano da giugno bellissime fioriture. E tra tutte le varietà, il posto d'onore spetta forse alla *Hydrangea macrophylla*, pianta che se coltivata in terreni con pH acido darà fiori azzurri, mentre se si sviluppa in terreni più alcalini donerà fiori tendenti al rosa. Basterà quindi correggere l'acidità del terreno aggiungendo soluzioni di solfato di alluminio per l'azzurro o di calcare in polvere per il rosa. Inoltre tutte le diverse varietà di ortensie amano posizioni leggermente ombreggiate e fresche, magari accanto ad altra vegetazione o sotto i pergolati. Hanno anche bisogno di frequenti annaffiature, soprattutto nei periodi più caldi, in particolare se sono coltivate in vaso. Volendole propagare per talea, il periodo giusto è da giugno a settembre. Crescono bene sia sui balconi che nei giardini, ma se si va a interpretare quello che il nome indica, si scopre come un tempo la loro presenza si legasse anche agli orti. Ortensia deriva infatti dal latino e significa "colei che cura", ma anche "colei che sta nell'orto".

È tempo di...

Pensare, a luglio, con la Luna calante, alla lavanda. La Lavandula officinalis *si raccoglie in fiore. Si recidono gli steli fiorali all'attaccatura dei germogli da cui si dipartono e si legano in mazzetti da essiccare a testa in giù in un luogo all'ombra o buio per evitare che i petali sbiadiscano. Ma si potranno anche estrarre i singoli fiori dagli scapi fiorali e confezionare, una volta ben secchi, piccoli cuscini da porre nei cassetti per profumare la biancheria.*

nel giardino

Un pieno di farfalle

Allegre, colorate, delicate, le farfalle allietano giardini e terrazzi. Perché allora non organizzare un angolo con le piante che più amano? È noto che le farfalle diurne prediligono i fiori vistosi, dal profumo intenso e ricchi di nettare di cui si nutrono. Fra questi la lavanda, oppure margherita, tagete e viola mammola, da trapiantare in vasi e ciotole. Ma esiste anche un vero e proprio "cespuglio delle farfalle", la buddleja, con i fiori a pannocchia che rilasciano un intenso profumo di frutta.

"Erbacce" buone da mangiare

Nel giardino capita di trovare le infestanti, che non è bene liquidare come inutili e fastidiose. Possono infatti essere ottime da mangiare e salutari, rivelandosi diuretici o depurativi naturali. La piantaggine, ad esempio, *Plantago lanceolata*, ha proprietà emollienti e si consuma lessa. L'ortica, *Urtica dioica*, è depurativa per il fegato ed è ottima utilizzata per ripieni. Il papavero, *Papaver rhoeas*, è espettorante e sedativo ed è ideale nelle misticanze. Infine, il tarassaco o pisciacane, *Taraxacum officinale*, è diuretico e depurativo e si consuma nelle insalate miste.

Verdi idee

Ricoprire di piante la facciata di casa è un'idea bella ed ecologica: attutiscono i rumori del traffico urbano e svolgono un'importante azione di termoregolazione. In inverno, ad esempio, i rampicanti riducono la dispersione di calore interno alle abitazioni creando una barriera esterna antifreddo. In estate invece le pareti, che normalmente raggiungono i 60 °C, protette dal verde sfiorano i 30 °C. Queste facciate, infine, catturano la CO_2 *e filtrano fino al 70% di polveri nell'aria.*

SUL BALCONE

Gerani: un classico di sempre

Sono tra i grandi protagonisti dell'estate: non c'è balcone o davanzale che non accolga i gerani e le loro coloratissime fioriture. Il nome scientifico è *Pelargonium*, il più comune è lo zonale, forte e coloratissimo, ma esistono anche quelli odorosi, come il Clorinda d'oro, che profuma di cedro. Ci sono i ricadenti o parigini, *Pelargonium peltatum*, di grande effetto decorativo. Piante forti e resistenti, richiedono però alcune attenzioni, come eliminare le infiorescenze sfiorite staccandole con l'asse portante: poi fioriranno più intensamente. Necessitano di annaffiature costanti, senza ristagni e acqua sulle foglie. Nei mesi più caldi, i vasi vanno posti su uno strato di sassi o torba umida.

Dalla tradizione...

C'è un detto che così recita: "la rugiada è necessaria all'agosto come all'uomo il pane quotidiano". E fra tutte la più benefica sembra proprio essere la rugiada della notte tra il 14 e il 15 agosto. Uscire fuori a prenderla donerà giovinezza e freschezza a noi e alle piante.

IL BUON CONSIGLIO

Prima di partire!

Se siamo in procinto di partire per le tanto sospirate vacanze, prima è il caso di dedicare alcune piccole attenzioni alle nostre piante grasse, che potrebbero soffrire il caldo in nostra assenza. Per quelle più grandi è necessario bagnarle poco prima della partenza: in questo modo riusciranno a resistere a lungo, anche un mese. Per le piccole piante grasse è invece opportuno disporle in una cassetta di plastica colma di argilla espansa, nella quale immergeremo il vaso: questo trattamento garantirà alle piantine una maggiore protezione dal caldo.

In forma in estate

*Piccoli segreti quotidiani per essere e tornare in forma.
Suggerimenti utili per vivere la stagione estiva
con serenità, in armonia con se stessi e la natura.*

SÌ E NO PER TUTTE LE ETÀ

SÌ **Stretching al mattino**
Al mattino, quando ci si sveglia, spesso ci si sente rattrappiti, specie se si dorme in posizione irregolare o si usa un materasso inadeguato. Dedicando 5 minuti allo stretching, tutta la giornata sarà più energetica!

NO **Sport irregolare** *Per un benessere costante è necessaria l'attività fisica. Ma è più utile un esercizio blando e costante, che uno intensivo ma sporadico. Soprattutto, bisogna evitare esercizi molto estenuanti, anche perché fanno perdere troppi minerali.*

Partenza sprint!

Nel periodo estivo, in cui domina la parola vacanza, quando lavoro e stress appaiono lontani, è tempo di "ricaricare le pile". Che non vuol dire però rimanere inattivi tutto il giorno. Anzi, è auspicabile che quando il sole non è troppo forte, si facciano delle passeggiate o qualche nuotata. Da evitare, con le alte temperature, le bevande alcoliche: con il sole, birra e vino possono far alzare la pressione, disturbare la circolazione e produrre danni. Fra le cose da tenere a mente c'è anche il cibo, che deve essere adatto al clima: da preferire insalate, verdure e pesce. Non va dimenticato infine di bere tanta acqua.

Dalla tradizione...

Mescolando 50 g di olio di mandorle dolci, 16 gocce di olio essenziale di geranio, 7 di rosmarino e 2 di menta piperita, si ottiene un olio da massaggi tonificante, perfetto per prepararsi alle camminate in montagna e che allontana anche gli insetti.

Una pelle radiosa

Più di ogni altra parte del nostro corpo la pelle si rende protagonista del nostro benessere anche interiore.

Impossibile resistere al richiamo dell'estate. Baciata dal sole, la pelle va prima resa bella e poi protetta con cura. Per abbellirla è importante alleggerirla del carico di tossine accumulate nei mesi passati, liberando il sistema linfatico interno e i suoi pori esterni dalle scorie, che ne limitano la luminosità. Ogni mattina, prima di lavarsi, la pelle va strofinata con una spazzola per il corpo asciutta, seguendo la direzione che va dalle estremità verso il cuore. Poi si fa la doccia, infine si idrata con una crema naturale per esempio a base di aloe. Per la protezione dal sole, bisogna ricordarsi di applicare un solare su viso e mani anche quando non ci si espone direttamente ma si esce semplicemente all'aperto, perché i raggi sono molto intensi e possono danneggiare l'epidermide. Anche assumere beta-carotene e Omega 3 per rafforzarla, assicura una sana e perfetta radiosità per tutta l'estate. Per prepararla invece alla tintarella ed eliminare le cellule morte, si può fare uno scrub al corpo. Mescolare in una ciotola 100 g di fondi di caffè, il succo di 1 limone, 1 cucchiaino di sale fino e passare il composto con un guanto di crine sulla pelle umida con movimenti circolari.

IL BUON CONSIGLIO

Magnesio antistress

Un aiuto per fronteggiare la stanchezza estiva può venirci dal magnesio. Stabilizza e riequilibra infatti il sistema nervoso e si comporta come se fosse il suo carburante: controlla la permeabilità delle membrane cellulari e mantiene l'equilibrio neuromuscolare. In natura si trova in cacao, mandorle, noci, germe di grano, soia, fichi, pesce, crostacei, latticini. Come integratore naturale e biologico si acquista in farmacia e in erboristeria.

PIÙ BELLI COSÌ

Avere capelli lucidissimi *e a posto si può. Sobbollire 30 g di semi di lino in 200 g di acqua per 5 minuti, lasciando in infusione per 20 minuti. Poi colare e aggiungere 2 cucchiai di succo di limone. Il gel così ottenuto si conserva in frigorifero per una settimana. È utile anche per lenire le irritazioni da esposizione al sole.*

Contro la ritenzione idrica *usare oli essenziali di geranio, cipresso e ginepro per il massaggio: 3 gocce di ciascuno in 100 ml di olio di sesamo e, per i bagni, 2 gocce di ognuno nella vasca. Bere 3 volte al dì tisane di uva ursina, consolida maggiore e dente di leone. Eliminare cibi salati, grassi e cereali raffinati.*

Abbronzatura perfetta!

Sin dalla prima esposizione è necessario applicare una protezione al sole con filtro adeguato al tipo di pelle. I filtri solari assorbono i raggi UVB, causa di tanti eritemi, e permettono il passaggio degli UVA che favoriscono la pigmentazione della cute. Se la protezione è insufficiente, il film idrolipidico che scherma l'epidermide si prosciuga, le cellule produttrici di melanina, pigmento che favorisce l'abbronzatura, si sviluppano in modo non omogeneo formando macchie bianche o brune, mentre quelle produttrici d'elastina e di collagene, non più in grado di difendere la pelle, danno il via libera a desquamazioni, cedimenti cutanei e rughe. Inoltre, per evitare scottature e danni irreparabili, è bene esporsi al sole gradualmente e mai dalle 13.00 alle 16.00.

Amici del sole

Verdure fresche e frutta di stagione, preferibilmente rosse e arancioni, pesci, carni rosse, cereali e yogurt sono gli alimenti che meglio favoriscono la tintarella. Ma se per l'idratazione della pelle è utile l'acido linoleico, contenuto soprattutto nell'olio di girasole, di mais e di soia, per mantenerne l'elasticità occorre lo zinco presente nel fegato, cereali integrali, mandorle, verdure a foglia verde e frutti di mare.

IL PROVERBIO

Sorridi a tutti quanti, non dietro ma davanti.

Un chiaro invito alla sincerità, ma anche ad avere un bel sorriso che possa farci accogliere al meglio. Per avere denti bianchissimi mettere del lievito di birra – è basico e combatte l'acidità della bocca – sullo spazzolino e lasciarvi cadere qualche goccia di acqua minerale naturale, poi spazzolare i denti, senza però toccare le gengive che potrebbero arrossarsi. Oppure strofinare e massaggiare i denti con fettine di limone biologico: le gengive ne traggono un benefico effetto rinforzante e l'alito migliora.

MASSAGGI... ALL'ACQUA

Siamo già al mare? Se sì, è il momento ideale per fare un po' di moto, magari proprio in mare, dove la resistenza che l'acqua oppone ai movimenti funziona da benefico massaggio idrico contro la cellulite e da tonificante.
Se siamo rimasti in città, va benissimo anche la piscina. Ecco due esercizi ottimi per gambe e pancia da fare sull'acqua bassa.
Il primo. *Seduti con le mani appoggiate sul fondo e le gambe tese, stendere la punta dei piedi e fare oscillare in alto e in basso le gambe dritte, senza appoggiarle sulla sabbia e senza farle uscire dall'acqua. Ripetere 10 volte.*
Il secondo. *Seduti con le gambe distese, staccarle dal fondo e incrociarle per 10 volte portando la gamba in basso sopra e viceversa. E buon relax!*

AUTUNNO

settembre ottobre novembre

"Arriva il Sole al primo punto di Libbra eguagliandosi perfettamente i giorni alle notti, nel giorno 23. Settembre comincia l'Autunnale Stagione, deliziosa ai Villeggianti, Ottima ed abbondante sarà la raccolta di Uva, d'Olive, e di Castagne."

Barbanera 1815

autunno

Spigolando

L'estate cede il passo all'autunno, stagione generosa di caldi colori e intime atmosfere. Le giornate, man mano più brevi, sono percorse da bagliori d'oro, mentre le temperature si abbassano invitandoci a stare di più in casa. E mentre la natura si spoglia, il tempo è ancora generoso di frutti e pieno di tante cose da fare. Perché in autunno si gettano i semi, si coltivano la mente e gli affetti, tra buone confetture e le gioiose castagnate di san Martino.

Il fiore: tenace ciclamino

Scoprirlo nei boschi, o ai suoi margini, dove spunta allegramente tra le foglie ormai secche e scricchiolanti, è davvero qualcosa di meraviglioso. Perché il ciclamino è tra quei pochi fiori capaci di sfidare le più basse temperature autunnali e anche invernali. Nel linguaggio dei fiori il ciclamino esprime, per la sua semplicità, l'amabilità senza pretese.

L'EQUINOZIO D'AUTUNNO

Arriva senza farsi troppo notare, tra le giornate ancora calde e luminose di fine estate. L'Equinozio d'autunno apre le porte alla metà più oscura dell'anno: d'ora in poi le giornate cominceranno progressivamente ad accorciarsi fino alla massima durata del buio che si avrà nel Solstizio d'inverno. Che sia il 22 o il 23 settembre, fatto sta che il Sole lascerà il segno della Vergine per entrare in quello della Bilancia, giorno in cui notte e dì, come appunto indica la parola *aequinoctium*, "notte uguale", avranno ugual durata.

Il tempo

Sarà lui, il più sincero amico dell'uomo, il fidato compagno di rilassanti camminate autunnali a riservarci ancora qualche sorpresa. Del nostro amato cane, infatti, ci si può fidare anche a proposito di condizioni meteo. Che gli animali abbiano una sensibilità più accesa di noi, è noto. Se allora lo vediamo mangiare erba, mostrarsi pigro e sonnolento, oppure scavare per terra, vuol dire che il tempo sta per volgere al brutto.

LA PAROLA: ENERGIA

Con la pioggia, malinconia e voglia di far niente sono diretta conseguenza della ridotta presenza di luce. Magari il caffè al ginseng può aiutare a recuperare sprint. Importante però non superare le tre tazzine al giorno. La caffeina dà assuefazione.

E buona giornata!

Quando scuola e lavoro chiamano

Con l'arrivo dell'autunno corpo e mente necessitano di "corroboranti" capaci di darci la giusta dose di energia. Basta poco per sentirsi al meglio e affrontare questa stagione con il sorriso.

Corroborante miele! Naturale e preziosissimo, il miele ha vari tempi di raccolta, tra cui l'autunno. E proprio quando il passaggio da una stagione all'altra richiede una rapida risposta alle mutate condizioni ambientali, può rivelarsi un valido aiuto. In caso di stanchezza o debolezza, dovuta anche a un'attività sportiva intensa, oppure a una ripresa lavorativa impegnativa, si può recuperare sprint assumendo tre volte al giorno, lontano dai pasti, un cucchiaino di miele di quercia. Per godere al massimo delle sue virtù energetiche va assunto in Luna crescente. Ideale anche per chi va a scuola.

Tempo di studio Il cervello consuma il 20% dell'energia che l'organismo produce e ha bisogno di un buon carburante. E se, come dice anche un antico adagio, "la concentrazione inizia dalla digestione", l'eccesso di cibi pesanti può disturbare la salute del cervello. L'alimentazione ideale per chi studia è invece ricca di zuccheri complessi, che non sono quelli contenuti in dolci e caramelle, ma in carboidrati integrali, legumi e frutta.

Dormire un po' di più Il sonno è uno dei tre pilastri della salute, insieme a cibo e movimento. Molti dormono poco, ma se con l'arrivo del freddo il corpo chiede più riposo, bisogna ascoltarlo.

IL PROVERBIO

**[Tutti i mesi fa la Luna,
tutti i giorni
se ne impara una.]**

E la Luna può rivelarsi fedele alleata nell'orto e nel giardino, ma anche favorire il nostro benessere. Ad esempio, nel momento del cambio di stagione, un giorno di dieta liquida utile a disintossicare l'organismo avrà maggiore efficacia se fatto coincidere con la fase di Luna Piena o Luna Nuova.

Doni di... natura

Confetture con la Luna

Con gli ultimi frutti dell'estate l'autunno realizza gustose confetture. Nella loro preparazione, rigorosamente in Luna calante, si aggiungono i semi di mela chiusi in una garza, da togliere a fine cottura. Contengono infatti molta pectina, che le farà solidificare più in fretta. Sempre in Luna calante, si può preparare una deliziosa confettura di pere da regalare. Si fanno riposare per una notte 3 kg di pere a pezzi con 2 kg di zucchero. Al mattino successivo si cuoce la frutta, mescolando continuamente per circa 45 minuti in una pentola di acciaio, con il succo di 3 arance e di 1 limone, la buccia (senza parte bianca) di 2 arance e ½ kg di uvetta. Infine si versa in barattoli e si sterilizza.

Buone pratiche d'Autunno

ALBICOCCHE FAI DA TE *Fare una scorta di albicocche seccandole per l'inverno. Un'operazione che si può effettuare al sole o in forno a una temperatura sotto i 40°C. Le albicocche secche industriali spesso sono trattate con anidride solforosa.*

CONCIMI A COSTO ZERO In nome di un "salutare" riciclo, si sappia che l'acqua di bollitura di patate, pasta, verdure e anche il latticello, il liquido della mozzarella fresca, sono ottimi concimi per le piante d'appartamento.

UN CONGELATORE EFFICIENTE *Volendo conservare i frutti dell'estate, il sistema di isolamento è fondamentale per limitare i consumi del congelatore. Per valutarlo controllarc il "tempo di risalita" che indica l'autonomia di conservazione del cibo in caso di black-out. Maggiore è il tempo di risalita, migliore è il grado di isolamento.*

PULIRE I FORNELLI Utilizzare una spugna imbevuta di acqua calda e bicarbonato o aceto bianco. L'aceto è particolarmente indicato per i fornelli in acciaio. Gli sgrassanti in crema vanno evitati perché contengono ammoniaca. Piuttosto sono più efficaci gli sgrassanti in polvere a base di quarzo polverizzato.

In casa: naturalmente!

In questa stagione la casa chiede più attenzioni, offrendo però anche più tempo per il "fai da te" e gli inviti di metà autunno.

Piccoli antichi segreti

Bagagli alla lavanda Nel riporre dopo le vacanze zaini e valigie, infilarvi un sacchetto di lavanda, raccolta e fatta essiccare in Luna calante. Nel riaprirli non si sentirà alcun odore di chiuso e di muffa.

Basta poco Se ogni tanto si getta una manciata di sale sulla legna che sta bruciando, la fuliggine si ridurrà di 2/3 e così pure la pulizia del caminetto. E per profumare la stanza, far bruciare qualche scorza di arancia o limone.

Profumi sgraditi Per liberare l'armadio dall'odore della naftalina usata per preservare gli indumenti di lana dalle tarme, spruzzare con una boccetta munita di valvola spray una soluzione di alcol e limone in parti uguali.

Decorare con le castagne Per la loro forma, unica in natura, e per il contrasto tra il lucido frutto interno e l'intenso verde dell'involucro, i ricci delle castagne possono abbellire e personalizzare molte composizioni, anche monotematiche.

IL BUON CONSIGLIO

Scoprire l'arcano

Siamo amanti del "fai da te", ma una cosa ci sfugge: ogni volta che usiamo il gesso per rimettere a posto piccole crepe o buchi sul muro, si asciuga con una rapidità tale da impedirci di lavorare come vorremmo. Un piccolo trucco? Aggiungiamo all'impasto un po' di aceto. Se invece è la paglia delle nostre sedie ad essersi allentata, per farla tornare ben tesa laviamola sopra e sotto con acqua calda. Poi lasciamola ad asciugare al sole. Per effetto del calore la paglia si ritirerà.

I "ferri" del mestiere! In cucina.

Caffettiera come nuova!

Un buon caffè è uno dei piccoli piaceri della vita. Dà energia, scalda il cuore e l'umore. Si invitano gli amici a casa per fare quattro chiacchiere intorno a una fumante tazzina di caffè, preparato a regola d'arte. E allora, per mantenere al meglio la nostra caffettiera sottoponiamola ogni tanto a un trattamento utile a eliminare i depositi di calcare. Riempire la caffettiera con metà acqua, metà aceto e due pizzichi di sale fino e metterla sul fuoco. Quando tutta l'acqua sarà filtrata, sciacquarla con cura.

La borsa della *spesa*

Col passare del tempo le verdure perdono vitamine, sapore e diventano più difficili da digerire. Per sceglierle freschissime, nel caso di cime di rapa e broccoli – questi ultimi ricchi di acido folico che svolge una preziosa azione cardiotonica –, verificare che le infiorescenze siano sode, di un verde intenso, ben chiuse e che i gambi non siano elastici: se piegati devono spezzarsi.

Il pane integrale è da preferire a quello bianco raffinato. Sazia di più, ha un indice glicemico inferiore e contiene più proteine e vitamine. Attenzione, però, che non sia fatto con farina bianca con l'aggiunta di crusca. Questo si riconosce perché non ha un colore uniforme, ma è chiaro con macchiette più scure.

UNA PICCOLA CANTINA, ASPETTANDO SAN MARTINO

Il piacere di avere una "cantina", magari piccola ma fornita di buone etichette, si è molto diffuso. Un'ottima base di partenza sono una trentina di bottiglie con vini dalle diverse caratteristiche, scelti in base ai propri gusti, al clima, alle abitudini alimentari. In ogni caso, il campione scelto dovrà comprendere rossi, bianchi, rosati e spumanti. Per gestirla al meglio preparare, per ogni ripiano, delle etichette con il nome del vino, l'annata, il luogo di produzione e la data di acquisto.

Amica Luna!

A seguire le fasi della Luna ce lo insegna la tradizione. Un sapere che viene da lontano, straordinario ed efficace anche nell'era di internet.

Dall'ALMANACCO BARBANERA del 1872

"Grande attività pel disseccamento dei fichi, per le uve passe e la raccolta di vari frutti autunnali."
È quello che ancora oggi ci chiede il ciclo delle stagioni. Con una regola ben precisa da seguire: le raccolte per la preparazione di sottoli, sottaceti, marmellate, composte e quant'altro vanno fatte con la Luna calante. O andranno presto a male.

COSA FARE CON LA LUNA CALANTE

Essiccare i funghi Puliti a secco, si tagliano a listelle e si infilano con ago e filo in lunghe collane, lasciando spazio tra una fettina e l'altra. Si essiccano in luogo caldo, ventilato, secco, ma non al sole.

Finocchio selvatico in cucina A inizio ottobre si raccolgono i semi di finocchio selvatico. Con le forbici si taglia l'infiorescenza e si raccoglie in un cartoccio di carta. A casa la si scuote per far cadere i semi da conservare. Proviamo a fare il pane aggiungendo polpa di zucca, qualche cucchiaio di olio extravergine di oliva e qualche seme di finocchio. Delizioso con il miele e con i formaggi, specie se freschi.

COSA FARE CON LA LUNA CRESCENTE

Per i dolci Sperimentare lo zafferano in tiramisù, puree di frutta, meringhe, creme. Detto "la spezia del buonumore", ha fama di afrodisiaco dal gusto raffinato.

Sformato sempre in forma Imprevedibile sformato! Bello, gonfio fino all'ultimo minuto, capita che al momento di toglierlo dal forno, vada giù. Per evitarlo, coprire a fine cottura la teglia con carta di alluminio e lasciarla per qualche minuto nel forno spento e spalancato.

Facili ikebana I rami di salice ricciolo, facili da trovare lungo i fossi, si prestano a composizioni adatte agli arredamenti moderni. Stanno bene con ogni tipo di fiore.

IL PROVERBIO

[Per santa Croce, pane e noce.]

Santa Croce si celebra il 23 settembre, siamo proprio nei giorni dell'Equinozio che porta con sé anche la raccolta delle noci. Quanto al pane, è tornato nelle nostre cucine la piacevole usanza di farlo in casa, magari nel fine settimana, con l'aiuto tutto naturale del lievito di pasta acida, forse più noto come lievito madre o semplicemente "madre". Per prepararlo, ovviamente nei giorni di Luna crescente, si mpastano 90 ml di acqua, 200 g di farina, pochissimo miele, e si fa riposare per 2 giorni. Si impasta di nuovo prendendo 100 g dell'impasto e unendo 100 g di farina e 45 ml di acqua. L'operazione va ripetuta altre due volte nell'arco di 10 giorni. Per semplificare si può utilizzare come partenza un pezzo dell'impasto con cui si è già fatto il pane, conservato in contenitore chiuso a 20-22° C.

Una pausa rigenerante

A volte basta davvero poco per spezzare il ritmo di periodi intensi. Una camminata nella natura, il saper fare della tradizione: non ci faranno che bene!

Fra campagna e città

Una raccolta di... foglie

Le foglie iniziano a cadere e assumono i colori dell'autunno, rivelando sfumature di bellezza straordinaria. La loro raccolta, che in ogni stagione e mese dell'anno mette a disposizione materiale per diversi usi, diventa particolarmente ricca in questo momento. Le foglie di quercia, faggio, castagno, pioppo, platano, acero, frassino, ontano, carpine possono infatti essere utilizzate per fare pacciamature. Collocate alla base di piante, arbusti, alberi oppure ortaggi, li proteggono dalle gelate e scoraggiano la crescita di infestanti. Ma quelle foglie possono diventare anche altro, un ottimo terriccio per le nostre coltivazioni, imparando a non fare errori, perché le foglie vanno scelte e utilizzate di volta in volta a seconda delle specie: il terriccio adatto a un fiore o a un ortaggio ne può infatti danneggiare un altro. Infine le foglic, raccolte nel periodo autunnale, una volta essiccate a dovere mettendole in mezzo a fogli di carta in modo che rimangano ben piatte, si possono utilizzare per il loro valore decorativo. Ad esempio per realizzare quadretti artigianali, vassoi con le foglie racchiuse tra un cartoncino e una lastra di vetro o plexiglas. Senza dimenticare che per le persone abili nel "fai da te", risultano straordinaria materia prima per fare découpage.

Quelle che chiamiamo foglie di mais *sono in realtà brattee, utili per accendere il fuoco, ma anche intrecciare cordicelle naturali, piccole stuoie, bamboline. Scegliere foglie molto secche, ammorbidirle nell'acqua, asciugarle e lavorarle subito.*

IL BUON CONSIGLIO

Zucca, amica d'autunno

Quando tutti gli ortaggi piantati in primavera sono già finiti in padella, resiste solo lei, la zucca, pronta ad accompagnarci nella festa di Halloween. Anche perché chi crede che l'usanza di intagliare zucche e illuminarle dall'interno sia importata, sbaglia. La tradizione delle cosiddette "lümere" della notte del 31 ottobre era radicata fino agli anni Cinquanta del secolo scorso nella Pianura Padana e in alcune zone del centro Italia. Oggi è tornata per altre vie, ma c'era chi le zucche le sapeva già scolpire. Per farlo serve un esemplare bello grosso. Si lava, si disegna con una penna un cerchio sulla parte superiore e si taglia. Poi si svuota scavando abbastanza la polpa ma non troppo altrimenti si rompe, e si conservano polpa e semi. Si incolla sulla zucca il disegno che si vuole e con un punteruolo si incide, poi seguendo i buchini si taglia. Si termina inserendo all'interno uno o due lumini e si rimette il cappuccio. La polpa si userà in cucina e i semi si seccano per unirli alle insalate.

più eco meno spreco

Usa e riusa invece che usa e getta. Nuovi stili di vita che non chiedono molto, semplici gesti che si chiamano buone pratiche.

No ai sacchetti di plastica Gli italiani consumano 2 miliardi di sacchetti al mese e meno di 3 su 100 vengono riciclati. È il rifiuto più diffuso nei fondali dei nostri mari. Causa la morte di tartarughe, pesci, uccelli. Al supermercato andare con la propria borsa.

Pulizie e riciclo Non buttare via l'acqua di cottura della pasta. L'amido che si è disciolto è un ottimo sgrassante e si può usare quell'acqua per lavare le pentole. Con lo yogurt scaduto si pulisce benissimo l'ottone, basta lasciare gli oggetti in immersione per 10 minuti e poi sciacquare e lucidare con un panno morbido.

MEGLIO SAPERE CHE... Un panno di microfibra, prima che si consumi, può fare il lavoro di 60 rotoli di carta. Inoltre nel pulire le superfici con un detergente, spruzzandolo sul panno invece che sulla superficie, si risparmierà sul prodotto. Per il detersivo della lavatrice usare i misurini: spesso si esagera inutilmente e troppo detersivo inquina l'ambiente. Se si asciugano camicie, magliette e vestiti su grucce dopo un risciacquo delicato, si risparmia tempo, fatica ed energia elettrica nello stirare.

INQUINAMENTO ELETTROMAGNETICO
Abbiamo mai pensato a tutte le onde elettromagnetiche emanate dagli apparecchi domestici? E per fortuna hanno un raggio d'azione molto ridotto! Abituiamoci allora a guardare poco la tv – leggiamo, piuttosto – e a tenerci ad almeno tre metri dallo schermo: carica l'aria di ioni positivi ed emette ultrasuoni e radiazioni, massime a un metro, che aumentano molto dietro l'apparecchio. Ora che arriva il freddo e riscaldiamo il letto con la termocoperta, stacchiamo la spina prima di andare a dormire. Oltretutto un termosifone troppo vicino può provocare campi elettromagnetici che disturbano il sonno. Insomma, limitiamo il numero degli elettrodomestici.

A proposito di... stili di vita

Combustibile ecologico

Raccogliere ramaglie e pigne per accendere il camino è utile per preservare i boschi che, se hanno materiale secco a terra, si incendiano più facilmente. Nelle stufe è più ecologico usare prodotti di scarto, molti dei quali hanno una resa termica superiore alla legna e un costo minore: noccioli di pesche, di albicocche, di prugne, di ciliegie tritati, residui della lavorazione di marmellate e di succhi e pellet, ricavati dalla semplice pressatura della segatura essiccata.

Antismog al volante

Bene il mercato del contadino, benissimo il km 0. Ma l'auto, con il freddo, e soprattutto la pioggia, particolarmente se si hanno bambini piccoli, può diventare necessaria. E allora il nostro comportamento ecocompatibile, subisce i "colpi" dell'auto. In questo caso ci sono regole che possono aiutarci a ridurre il tasso inquinante. Cambiare marcia prima possibile, mantenere una velocità regolare, ridurre la velocità di crociera, rallentare per limitare l'uso dei freni, spegnere il motore in coda, rispettare il peso, ridurre l'uso del condizionatore, fare attenzione alle gomme. Se sono sgonfie il consumo aumenta del 15%.

CHI BEN INIZIA...

Coltivare l'orto fa bene al corpo e... allo spirito. Sì, perché mentre si zappa, la mente vaga, libera di pensare. Anche se si lavora insieme, non si avverte l'urgenza di parlare. Si ha la fortuna di fare un lavoro fisico, in un ambiente sano, e nello stesso tempo di seguire i propri pensieri, magari di trovare soluzioni. È bello, ad esempio, osservare cosa accade quando più persone zappano vicine: ogni tanto c'è uno scambio di parole, ma non un cicaleccio continuo. Si sta insieme, ma senza dimenticare il proprio mondo interiore.

Un'insolita proposta

Il pullover-cuscino

Capita a volte, mettendo a posto armadi e cassetti, di ritrovare un maglione a cui non pensavamo più, che non indossiamo da anni, ma al quale ci legano affetto e bei ricordi. È lì, passato di moda, ma non riusciamo proprio a buttarlo. Magari è il nostro primo pullover di cachemire. Ma pregiato cachemire o semplice lana, si può destinare quel capo ad altro uso. Può diventare un cuscino, ad esempio. Basterà scucirlo ed eliminare le parti che non servono, ad esempio le maniche o un eventuale collo alto, per poi fermare con ago e filo i bordi dove si è effettuato il taglio. Con i pezzi ottenuti si rivestiranno dei cuscini da comperare già pronti. Belli e comodi, scalderanno le prime giornate autunnali.

La spesa consapevole

Chi vive nelle zone di produzione acquista direttamente al frantoio l'olio nuovo. È un buon modo non solo per avere un prodotto di sicura qualità, ma anche per ridurre la produzione di rifiuti, grazie all'utilizzo di contenitori che i più attenti porteranno da casa. Sempre di più si stanno infatti diffondendo negozi e supermercati, dove acquistare prodotti sfusi che tra l'altro fanno risparmiare. Una bella mano contro lo spreco viene anche da una più razionale gestione della spesa. Ogni giorno in Italia si buttano 4.000 tonnellate di cibo. E la cucina degli avanzi?

L'idea sostenibile

Uno zerbino speciale

L'autunno che si inoltra, le campagne e i boschi che ci attraggono con i caldi colori di una natura che si avvia al riposo fanno sì che ancora non si rinunci a piacevoli passeggiate fra campi e radure. Magari in cerca di funghi o a raccoglier castagne. Poi però, quando si torna a casa, le scarpe sono piene di terra e fango. Ci vuole uno zerbino speciale! Ne potremo costruire uno "raschiatutto", utilizzando i tappi delle bottiglie di acqua minerale. Basta prendere una tavola e fissarveli con i chiodi, sistemandoli in modo tale che i dentini siano rivolti verso l'alto. Tratterranno così terra e fango.

La buona *abitudine*

RISCOPRIRE LA LISCIVIA *Bollire molto lentamente per 2 ore, in una pentola che non sia di alluminio, cenere di faggio con 5 parti di acqua. Spegnere e lasciare depositare senza mescolare per 24 ore. Passare la liscivia attraverso un tessuto di cotone su un colapasta, senza smuovere il deposito sul fondo della pentola. Deve risultare trasparente: se rimane della cenere, rifiltrarla. Sbianca il bucato. Ma può anche essere un detersivo potente. Metterla in uno spruzzino e ogni 200 ml aggiungervi 10 gocce di olio essenziale di limone o di tea tree. Si ottiene un igienizzante adatto ai materiali lavabili, eccetto legno e marmo. Se lo si usa su superfici dove si appoggia il cibo, risciacquare con acqua. Lascia un buon profumo ed è indicato anche per la pulizia dei vetri.*

Un dono purificante

Dobbiamo fare un regalo e abbiamo pensato a una pianta? È senz'altro una buona idea, che diventa ancora migliore se ne scegliamo una capace di purificare l'aria all'interno della casa. Ci sono infatti piante in grado di assorbire i composti organici volatili (microscopiche particelle inquinanti sospese nell'aria), responsabili di tante diffuse allergie e degli attacchi d'asma. Tra le specie più efficaci si possono scegliere lo spathiphillum, l'aloe vera, la sanseveria, il potus. Piante comuni, economiche e soprattutto facili da mantenere.

In casa d'autunno

Le giornate sempre più brevi e meno luminose non aiutano certamente il buonumore. L'abbondanza di piogge poi, con l'aria satura di elettricità, agisce sul sistema nervoso, anche se siamo fra le pareti domestiche, rendendoci agitati e magari anche insonni. Senza dimenticare un fenomeno piuttosto diffuso noto come "sindrome di Ognissanti". Per una serie di concomitanze legate sia alla stagione sia alla ricorrenza che unisce santi e defunti, si verifica un abbassamento del tono dell'umore. Tutta colpa degli ioni, atomi dotati di cariche positive, responsabili del disagio, o negative che invece ci fanno sentir bene. Anche in casa può verificarsi un eccessivo accumulo di ioni positivi generati dagli elettrodomestici e dalle cariche elettrostatiche di molti materiali sintetici. Una situazione che ovviamente interferisce con il benessere psicofisico dell'organismo, soprattutto nei mesi autunnali e invernali in cui si esce di meno. Al disagio si può però ovviare aprendo spesso le finestre – l'aria sarà particolarmente salubre dopo i temporali – facendo entrare i raggi del sole e uscendo a passeggiare all'aria aperta almeno una volta al giorno.

La festa. Benvenuto san Martino!

"Per san Martino castagne e vino."

Il Santo dell'allegria

Per san Martino, l'11 novembre, non si rinuncia a castagne e vino, magari in compagnia di allegri amici. Il vino è ovviamente quello nuovo, o novello, che un tempo si spillava dalla botte per avere un anticipo della "bontà" dell'ultima vendemmia. Oggi, quando si parla di vin novello, il riferimento è a un vino rosso imbottigliato giovanissimo, dal colore brillante, vivo e piacevole, intesamente profumato e fragrante. La quasi totale assenza di tannini lo rende bevibile alla temperatura dei bianchi. Si serve infatti a 14°C, non si stappa in anticipo e non si mette nel decanter. Si sposa con tutti i piatti moderni e tradizionali, salumi, formaggi di media stagionatura, primi piatti, caldarroste e pasticceria salata. Ottimo con carni di maiale. Berlo entro due mesi dall'acquisto, massimo sei.

IL BUON CONSIGLIO

Gustose caldarroste

Sembra cosa facile preparare le caldarroste, questo frutto delizioso. Ma ciò non è del tutto vero, se non si rispettano alcune semplici regole giunte dalla tradizione. I marroni vanno tagliati incidendoli dalla parte della "gobba", facendo attenzione a che il taglio longitudinale non sia troppo profondo. Poi si mettono in padella sulle braci, che devono essere piuttosto vivaci. A questo punto le caldarroste vanno fatte saltare spesso, ma non troppo. Una volta cotte, bisogna metterle su una tavola e coprirle con un sacco o anche con un panno abbastanza pesante. Si deve poi aspettare una decina di minuti prima di mangiarle. Ideale abbinarle con un vino novello.

Nell'orto, nel giardino e sul balcone

Anche l'autunno regala verdi piacevolezze. È tempo di semine e di qualche raccolta, mentre le rose attendono la potatura.

Un robusto trituratore

Può risultare una grande svolta in giardino e orto, perché triturando potature, fogliame e fioriture appassite, permette un risparmio di tempo, fatica e spazio. Inoltre facilita la produzione del biologico compost utile al nutrimento delle piante. Per l'economia e la sostenibilità della scelta, sarebbe saggio tentare una sorta di "cordata" finanziaria e acquistarlo in società con amici o vicini di casa.

IL PROVERBIO

[L'orto è la bottega di casa.]

Un proverbio che ci raccomanda il consumo di stagione, perché più salutare, più economico e rispettoso dell'ambiente. E tra gli ortaggi dell'autunno un posto a parte lo merita il sedano, che ci fa bene perché ricco di fibre e di vitamina C, di sali minerali e di sostanze antiossidanti, è efficace diuretico, stimolante, tonificante e antinvecchiamento.

PREPARARE SERRE E TUNNEL

Le piante che temono il gelo e gli ortaggi per l'inverno – insalate, bietole, spinaci... – necessitano di ripari. È importante quindi allestire piccole serre utilizzando fogli trasparenti in policarbonato che presentano una o due intercapedini, tali da impedire alla brina e al gelo di entrare in contatto con le piante. L'aria fredda resterà fuori proprio grazie a quell'aria intrappolata nell'intercapedine. Chiudere inoltre con appositi dispositivi ad "U" le estremità dei fogli di policarbonato al fine di ottenere l'effetto desiderato.

nell'orto

Con i più piccoli

L'orto in autunno è pieno di vita. I cavoli, i broccoli e le verze per l'inverno sono robusti e verdi. Ma le foglie sono bucherellate! Chi è stato? Cerchiamo bene, vedremo dei bruchi verdi. Sotto le foglie, o qualche volta sotto terra, escono solo la sera. Crescono velocemente, poi trovano un angolo al sole e si trasformano in "crisalidi", protetti da un bozzolo. Dentro al bozzolo, pian piano il bruco si trasforma in farfalla! I bruchi che abbiamo trovato diventano farfalle bianche, le "cavolaie" che volano sulle foglie dei cavoli. Forse troveremo le uova che hanno deposto, tanti pallini a gruppetti sotto le foglie. Se vogliamo proteggere le nostre piante, eliminiamo uova e bruchi in tempo. Se invece vogliamo allevare le cavolaie scegliamo un cavolo con i bruchi, trapiantiamolo in casa in un vaso. Quando i bruchi smettono di mangiare infiliamo un rametto nel vaso, ci si arrampicheranno per trasformarsi in crisalidi. Quando la metamorfosi è completa, l'involucro si spacca e la cavolaia esce. Si asciugherà al sole e sarà pronta a volare via.

FARE, NON FARE, COMPRARE

Fare *Raccogliere le carote e conservarle in cassette coperte di sabbia o torba, il radicchio di Treviso, detto anche "fiore d'inverno", per iniziare l'imbianchitura e la forzatura.*

Non fare *Durante la fermentazione del mosto non lasciare chiusa la cantina: si sviluppa anidride carbonica, molto pericolosa soprattutto per gli animali domestici.*

Comprare *Acquistare del filo di rafia che serve per legare le piante da imbianchire, come l'indivia riccia, la scarola e il sedano.*

NEL GIARDINO

Un ciliegio per l'autunno

Se nel giardino c'è spazio per un alberello dalle dimensioni contenute, una delle specie da piantare è senz'altro il ciliegio da fiore, scientificamente parlando *Prunus subhirtella 'Autumnalis Rosea'*. È una pianta meravigliosa che ha la sorprendente e piacevole particolarità di regalare fiori rosa dall'autunno alla primavera seguiti poi dall'arrivo delle foglie. La fioritura si ripete infatti dal mese di novembre a fine aprile, con piccole comprensibili pause nei periodi più gelidi. Ed è proprio grazie a questa sua fioritura così prolungata, che nei mesi più freddi riesce a fornire il necessario sostentamento agli insetti utili, come ad esempio le api, che anche nelle belle giornate di sole invernali continuano a bottinare polline e nettare freschi. Le fioriture nel cuore dell'inverno permettono inoltre agli uccelli di mangiare i germogli, prezioso cibo nei periodi difficili.

È tempo di...

Propagare per talea a inizio autunno, con la Luna crescente, bosso, forsizia, lavanda e ligustro in quanto i rami sono robusti e hanno una maggiore probabilità di attecchimento. Una volta recise tagliando dai rami più belli una parte semi-legnosa lunga 10-12 cm, le talee vanno messe in un contenitore con terreno composto da 3 parti di terra da giardino, 2 di torba e una di sabbia. La base della talea va immersa in un composto preparato con ormoni radicanti e poi interrata a 4-5 cm di profondità. Annaffiare e coprire con un telo di plastica trasparente.

nel giardino

Piantare le siepi

Le conifere e le altre piante sempreverdi, come il ligustro, il bosso e il tasso, devono essere piantate a settembre per permettergli di radicare e arrivare all'inverno già forti. Ma è tempo anche di seminare il prato e di prestare attenzione alle temperature: se dovesse fare ancora caldo, non dimenticarsi di irrigare. È questo un mese ingannevole in cui l'abbassarsi della temperatura di notte impedisce di valutare bene le necessità idriche delle piante, specialmente di quelle in vaso.

Proteggere le piante

Le temperature scendono e annunciano le prime gelate. In questi giorni c'è da fare la pacciamatura. Niente di difficile. Si tratta semplicemente di proteggere i nuovi alberi, tanto nel giardino che nel frutteto, gli arbusti da poco trapiantati, e anche le rose, collocando alla base del fusto uno strato di paglia, foglie, aghi di pino, corteccia o anche erba tagliata. Va bene pure per l'orto. Servirà a mantenere più caldo e umido il terreno, a contrastare la crescita delle infestanti e a impedire, in altri momenti dell'anno, una rapida evaporazione dell'acqua. Si tratta di una tecnica suggerita da quanto avviene in natura, quando le foglie cadono sul terreno costituendo uno strato protettivo.

Potare le rose

Da ottobre, e fino a febbraio, si pota. Alle rose rampicanti si lasciano 6-8 fusti verde chiaro, tagliando i più vecchi e non i più giovani. Vanno inoltre aperti i fasci di rami, per dare spazio a più fiori. Le rose a cespuglio si potano a un'altezza tra i 20 e i 50 cm dal terreno: più corti i fusti piccoli, più lunghi quelli grandi. Lo stesso si fa per le rose ad alberello, ma partendo dal nodo di biforcazione dei rami, senza mai tagliare il fusto principale.

SUL BALCONE

Bacche e foglie dai mille colori

Colorare e rendere più allegro il balcone, anche nei mesi del tardo autunno e dell'inverno, si può. Tante sono infatti le specie disponibili che donano bacche e foglie colorate, senza tra l'altro chiedere troppe attenzioni. Per le bacche l'ideale sono le varietà di cotognastro, *Cotoneaster*, ma anche la pianta femminile dell'agrifoglio comune, *Ilex aquifolium*, e quello americano, *Ilex verticillata*, arbusto che perde le foglie in autunno, ma trattiene per tutto l'inverno le vivaci bacche rosse. Possiede invece pomi commestibili e fogliame colorato il pero corvino, *Amelanchier ovalis*. Spesso si utilizzano anche viburni, skimmie e pernezie.

IL BUON CONSIGLIO

Conservare i bulbi

Nella società dell'usa e getta, l'arte di conservare può sembrare una pratica superata. Ma non nel giardinaggio dove il ciclo della natura suggerisce un nuovo stile. E allora, se i bulbi ci hanno regalato belle fioriture, conserviamoli per il prossimo anno, o almeno, proviamoci. I bulbi di tulipani, iris, narcisi, giacinti sono facili da conservare. Si estraggono dal vaso con tutta la pianta, si scelgono i più grandi e si mettono ad asciugare all'aria finché la parte aerea apparirà completamente secca. Quindi si ripuliscono dalla terra, si tagliano con le forbici stelo e foglie, spuntando anche le radici. Si fanno ulteriormente asciugare per poi riporli in una scatola di cartone in luogo aerato e asciutto.

Dalla tradizione…

Le semine autunnali sono uno dei momenti più intensi dell'anno. E a ricordarcelo è anche questo proverbio che all'arrivo di ottobre si ripeteva nelle campagne: "O molle o asciutto, per san Luca semina tutto". San Luca cade il 18 e costituiva il limite oltre cui non andare per non incappare nelle piogge autunnali che avrebbero impedito la semina.

In forma in autunno

Buoni consigli per affrontare al meglio il passaggio di stagione. Quando le dolci energie della natura si fanno occasione di benessere.

SÌ E NO PER TUTTE LE ETÀ

SÌ Prepararsi all'impegno
Finite le vacanze riapre la scuola e si torna al lavoro. Meglio allora essere preparati. Già dai primi giorni di settembre, dissetare se stessi e i bambini con un buon bicchiere di multivitamine e multiminerali effervescenti.

NO Impigrirsi dopo l'estate
Le giornate si accorciano e basta poco per impigrirsi e perdere la forma dell'estate. Per mantenerla basta scegliere due belle canzoni ben ritmate, e scatenarsi per dieci minuti al mattino e dieci alla sera!

Pensiamo agli occhi

I primi freddi colpiscono soprattutto le parti delicate come i sensibili globi oculari. Così l'occhio, con la sua struttura complessa, è certamente fra gli organi più esposti alle aggressioni del clima, soprattutto in autunno quando venti e brezze si associano al calo delle temperature dopo il caldo estivo. Capita allora di ritrovarsi con gli occhi arrossati che possono essere la conseguenza dell'occhio secco. Che fare prima di iniziare a bombardarci di colliri con cortisone o antibiotici? Si può ricorrere ai colliri lubrificanti, detti lacrime artificiali, oppure alle gocce sterili a base di eufrasia o camomilla, antinfiammatori naturali molto efficaci: si trovano in farmacia spesso associate!

IL BUON CONSIGLIO

Mele antistress

Tra i tanti rimedi naturali ed efficaci tramandati dalle nonne, abbiamo l'abitudine di mangiare la sera una mela cotta al forno con la buccia. Straordinario antistress! La buccia contiene infatti una sostanza analoga allo psicofarmaco diazepam, efficace nel trattamento di angoscia, tensioni e spasmi muscolari.

Fragilità autunnali

Pelle e capelli subiscono i colpi dei primi freddi. L'olio di oliva li salverà!

Con l'arrivo dell'autunno è probabile che pelle e capelli chiedano un'aggiunta di attenzioni. E forse non è del tutto un caso se a darci una bella mano arriva un prodotto di stagione dalle mille virtù: l'olio di oliva. Sarà infatti uno straordinario alleato della pelle nutrendo il tessuto epidermico contro secchezza, smagliature e screpolature. Nel viso e nel corpo ripara le rughe, ravviva il colorito e idrata in profondità. Se abbiamo una cute che tende al secco, versiamo 2 gocce di olio essenziale di lavanda in un cucchiaio di olio di oliva. Questa miscela, rigenerante e tonificante, dona una sferzata di vitalità ai tessuti.

Per pelli tendenti al grasso, aggiungiamo invece 2 gocce di olio essenziale di salvia, con effetto antibatterico e cicatrizzante. Quanto ai capelli, l'olio di oliva risulterà un vero toccasana capace di restituire alla capigliatura corpo, vigore e lucentezza, frenare la caduta, riparare le doppie punte e nutrire dalla radice alle estremità.

IL BUON CONSIGLIO

Sorprendente camomilla!

Sorprendente scoprire come la camomilla, ben nota per le sue proprietà rilassanti, favorisca ipereccitabilità e insonnia se assunta in eccesso. Soprattutto se tenuta troppo a lungo in infusione, può finire con il rendere nervosi. Meglio quindi alternare erbe calmanti o assumerla in infusi "misti" con altre piante, come melissa, valeriana o passiflora. Proviamo a bere una tazza di camomilla dopo pranzo per evitare gonfiore e bruciore di stomaco.

PIÙ BELLI COSÌ

Un **buon balsamo per labbra** *si ottiene amalgamando a bagnomaria 30 g di cera d'api con 15 g di olio di argan. Quando il composto è quasi freddo, si aggiungono 5 g di miele e 2 gocce di olio essenziale di rosa. Conservare in vasetti di vetro.*

Si prepara un **gel dopobarba lenitivo** *mettendo a bagno 1 cucchiaio di semi di lino per una notte, quindi bollirli per 5 minuti in una tazza d'acqua. Frullarli con 1 cucchiaio di oleolito di calendula, 1 di aceto di mele, 5 gocce di olio essenziale di tea tree, 10 di olio essenziale di sandalo. Si conserva una settimana in frigorifero, è lenitivo, emolliente, disinfettante e profumato.*

Il ritorno dell'ora solare

L'autunno avanza e le giornate si accorciano, fino al "colpo decisivo" del ritorno all'ora solare, che può provocare disturbi e difficoltà di adattamento ai nuovi ritmi. Il motivo più comune del disagio è l'alterazione degli orari del sonno, ovviamente più evidente in chi già soffre d'insonnia, con difficoltà nell'addormentarsi e il risveglio difficile. Anche ansia e depressione sono sintomi correlati al cambio dell'ora, specie in chi ne soffre pure durante l'anno.
Chi tende ad andare a dormire tardi dovrebbe anticipare il riposo, mentre chi va a letto presto dovrebbe mantenere il suo bioritmo per guadagnare un'ora di sonno.
Sembra che l'alcol sia nemico dell'adeguamento ai nuovi ritmi fisiologici, quindi meglio evitarlo e preferire una cena leggera, magari vegetariana, priva di grassi animali e zuccheri raffinati. Così la digestione è più facile e il corpo possiede più energie per adattarsi.

IL PROVERBIO

Di settembre l'uva è matura e il fico pende.

Seguiamo il proverbio e cogliamo i nostri frutti di bellezza. Aspiriamo ad avere una pelle più soda e compatta? Perfetto, dopo aver lavato bene il viso, picchiettiamolo con un batuffolo di ovatta imbevuto di succo fresco d'uva per una decina di minuti, poi sciacquarlo. La pelle così nutrita risulterà luminosa. Se invece si hanno dei capelli che tendono a sfibrarsi e a cadere, sarà veramente utile una lozione fortificante da utilizzare quotidianamente per frizioni sul cuoio capelluto. Si prepara facendo riposare per 15 minuti in un litro d'acqua bollente una manciata di radici di bardana, reperibili con facilità in erboristeria, e una di timo. Filtrare, far raffreddare e conservare in frigorifero dopo ogni uso.

MASSAGGI ALLA CALENDULA

La stagione che cambia, i primi freddi che si fanno sentire e le mani che... si screpolano. In questo caso, per far tornare bella e morbida la pelle, di grande utilità si riveleranno dei massaggi leggeri della durata di 10 minuti fatti con un olio preparato in casa con 100 ml di olio di mandorle a cui si uniranno 10 g di fiori di calendula. Un sicuro beneficio si potrà ottenere ancora una volta dalla solare calendula, bagnando le mani, più volte al giorno, con il decotto ottenuto dai suoi fiori: un cucchiaio in mezzo litro d'acqua. Alla fine asciugare bene le mani.

INVERNO

dicembre gennaio febbraio

"Quindi, favellandosi delle stagioni, comincerò dall'Inverno, il quale ebbe principio fin dal 21 dello scorso Dicembre, quando lo sfolgorante pianeta del Sole fece il suo glorioso ingresso nel segno solstiziale di Capricorno."

Barbanera 1815

È sinonimo di rigore, il "Generale Inverno"! Giornate corte e basse temperature riducono le uscite. Il tempo sembra rallentare il suo ritmo, scandito da piacevoli serate illuminate dalla fiamma di un caminetto. E si riscalda anche il cuore, al fuoco dei buoni sentimenti delle grandi feste invernali. È la stagione del nuovo anno, con i giorni densi di tanti progetti e cose da fare.

Il fiore: il calicanto

I suoi piccoli fiori sembrano di cera, ben stretti ai rami senza foglie. E donano un profumo intensissimo, pronto a sfidare il gelo e le basse temperature, conquistando al calicanto il nome di fiore d'inverno. Donarlo vuol dire offrire protezione, affetto e attenzioni. I rami, molto decorativi, devono essere colti con i fiori ancora ben chiusi. In pochi giorni sbocceranno, seguiti dalle belle foglie.

inverno

Spigolando

IL SOLSTIZIO D'INVERNO

Arriva nel cuore della stagione fredda, giorno in cui si ha la massima durata della notte rispetto al dì. Da lì in poi le giornate riprenderanno ad allungarsi. Cade ogni anno tra il 21 e il 22 dicembre, quando il Sole lascia il segno del Sagittario ed entra in quello del Capricorno. Anticamente era il periodo della grande festa del *dies natalis Sol Invicti*, del Sole Invincibile, che i Romani del III secolo d.C. veneravano come dio supremo. Si celebrava il passaggio dalla massima oscurità verso il ritorno della luce.

Il tempo

Si riaccende il caminetto. È uno dei grandi piaceri dell'inverno, pronto a scaldare l'anima, ma anche ad accogliere ricche grigliate. Ma c'è anche dell'altro. I comignoli riprendono a fumare ed ecco che proprio dall'andamento di quel fumo si avranno notizie sul tempo. Se esce perpendicolare verso il cielo, è segno di stabilità e quindi di bel tempo. Se invece fuma in diagonale o addirittura in parallelo al terreno, indica alta probabilità di piogge.

LA PAROLA: SORRIDERE

Con l'avvio del nuovo anno, proviamo ad aprirci ogni giorno a piccole novità, come parlare con persone appena incontrate, provare una nuova ricetta, sorprendere chi si ama: alimenta il buonumore.

E buona giornata!

Tra gli impegni e il giusto relax

Mettere in moto la mente e le buone energie. Basta poco per ricaricare le pile e affrontare l'inverno con sprint, brio e serenità. Anche perché molto dipende da noi e da qualche piccolo aiuto che può venirci dalla natura.

Minerali e buonumore L'organismo è una complessa fabbrica biochimica e necessita di molti micronutrienti affinché corpo e mente funzionino con perfetta efficienza. Tra questi, i minerali, sostanze molto importanti che secondo le ultime ricerche non agiscono solo sul corpo ma anche sull'umore. Chi non vorrebbe sentirsi più positivo in modo stabile? Ecco i quattro fondamentali elementi che possono dare una mano: magnesio, calcio, cromo e zinco. Questi minerali influenzano favorevolmente le attività mentali, l'umore e nutrono il cervello, che è così in grado di offrire migliori performance. E soprattutto allontanano ansia, affanno e stanchezza.

Dolce far niente A casa per le feste, concediamoci il tempo per non far niente almeno mezz'ora al giorno, proprio niente, neppure guardare la TV o leggere. Sognare ad occhi aperti serve. Lasciar andare le cose è importante quanto farle.

Un buon carburante Una buona dose di sana energia può venire da una prima colazione ricca di calcio e potassio. Frulliamo con un bicchiere di latte di mandorle, un cucchiaio di polvere di cacao amaro, un cucchiaio di sciroppo d'acero o miele e una banana.

IL PROVERBIO

Chi tempo ha e tempo aspetta, tempo perde.

La capacità di fare ogni cosa al momento giusto si può apprendere. Dividiamo un foglio in quattro parti: nella prima scriviamo ciò che è importante ma non urgente, nella seconda ciò che è urgente e importante, nella terza ciò che non è importante né urgente, nella quarta ciò che è urgente ma non importante. Decidiamo quando fare quanto riportato nella prima casella, facciamo subito quello che è scritto nella seconda, rimandiamo invece quello della terza e, se possibile, lasciamo ad altri quello della quarta.

Doni di... natura

Confettura di corbezzoli

I bei frutti rosso fuoco punteggiano alberi e arbusti che si trovano un po' ovunque, pianura, collina o montagna. Con una particolarità: compaiono sulla pianta insieme ai fiori in inverno. Buona poi la confettura. Si lavano i corbezzoli e si mettono in pentola coperti di acqua fredda. Si fa bollire a fuoco medio per 15/20 minuti, fino a far assorbire quasi tutta l'acqua. Con un colino si passa poi la polpa schiacciando con un cucchiaio. Si pesa il passato e si mette in pentola con zucchero di canna – meno di 1/3 del peso della polpa – e il succo di 1/2 limone. Fatta bollire a fuoco vivace mescolando per una decina di minuti, la confettura è pronta.

Buone pratiche d'Inverno

SPESA OCULATA *Per sfuggire agli inutili sprechi è indispensabile un piccolo taccuino dove annotare cosa serve. Si evita così quello che non è strettamente necessario. Utilissimi anche gli occhiali, o una lente di ingrandimento, per leggere bene le etichette.*

ARIEGGIARE SENZA DISPERDERE CALORE Spalancando tutte le finestre per cinque minuti a mezzogiorno, l'ora più calda, la corrente che si crea cambia l'aria. Allo stesso tempo muri e arredi non fanno in tempo a freddarsi e mantengono il calore.

ANTICHI PROFUMI *Niente di più naturale delle bucce di mele, arance e mandarini, infilate in uno spago, da appendere di lato ai termosifoni.*

SANE PULIZIE Nel pulire il forno diffidare dei prodotti spray che contengono soda caustica, solventi e altre sostanze nocive. I residui tossici possono rimanere negli interstizi e liberarsi durante la cottura dei cibi. Per evitare incrostazioni basta pulire il forno spesso con acqua calda in cui siano stati sciolti bicarbonato di sodio e aceto bianco.

In casa: naturalmente!

Con il freddo la vita familiare ritrova nuovi spazi. Cucine e soggiorni diventano il cuore di relazioni e incontri. E tutto deve essere perfetto.

Dalla *dispensa*

Camini e caminetti È forse tra le cose che ci fanno amare anche la stagione fredda: l'immagine di un camino scoppiettante è il simbolo per eccellenza di quel relax domestico divenuto qualcosa di molto prezioso. Anche se poi non di rado si ha a che fare con quelle antipatiche macchie di fuliggine che appaiono sulle pareti, soprattutto sulla cappa. Ma la tradizione ci insegna che in realtà non è un problema. Se proviamo infatti a passare su quelle zone una spugna imbevuta di aceto bianco, le vedremo sparire.

A lume di candela Per chi non rinuncia alle cene a lume di candela – e con le feste alle porte diventa davvero difficile! – le macchie di cera diventano qualcosa con cui doversi probabilmente confrontare. Ma la cera, se è ben raffreddata e solidificata, si toglie con estrema facilità. Se poi dovessero rimanere delle tracce di colore sulla tovaglia, perché i moccoli erano assai vistosi, occorre strofinare con un batuffolo imbevuto di alcol, ma solo se di lana e cotone. E sarà tutto pronto per un'altra piacevole serata.

IL BUON CONSIGLIO

Un infuso per il tappeto

Le foglie di tè, oltre che riscaldare i pomeriggi invernali, possono anche ravvivare i colori di un tappeto. Basterà infatti distribuirle inumidite sulla superficie, per poi spazzolare energicamente. Un altro sistema consiste invece nello strofinare il tappeto, dopo averne eliminato la polvere, con un infuso preparato lasciando 2 patate grattugiate nell'acqua calda per 2 ore. Filtrare il preparato prima dell'uso.

I "ferri" del mestiere! In cucina.

Terrecotte e porcellane

Vasi, piatti, fioriere fanno nelle cucine bella mostra di sé, dove però vapori e fumi finiscono con l'annerirli. Lavarli allora con acqua e sapone, facendo attenzione a sciacquarli subito e abbondantemente. Un trattamento a cera li renderà brillanti. Le porcellane invece splenderanno se pulite con sale fino passato con un panno morbido. Oppure, se necessitano di pulizia a fondo, immergerle in acqua fredda e limone, evitando detersivi e spugne abrasive. I piatti invece si lavano solo con l'acqua.

Gli *elettrodomestici*

L'energia consumata da lavatrici e lavastoviglie viene soprattutto utilizzata per riscaldare l'acqua. Un sistema allora per risparmiare sulla bolletta sarà scegliere programmi freddi o a basse temperature. Nel caso invece si debba fare un nuovo acquisto, sarà bene preferire i modelli contrassegnati dalla sigla classe A, A+, A++.

Se crediamo che la guarnizione del frigorifero sia usurata, sottoponiamola a questo test. Introduciamo nel frigorifero una torcia elettrica accesa con la luce rivolta verso lo sportello. Chiudiamo e controlliamo lungo la guarnizione se ci sono punti dai quali la luce filtra. Se dovesse essere così, abbiamo scoperto perché il frigorifero consuma tanto.

UNO SPECIALE SEGNAPOSTO

Per una cena in casa con degli ospiti, un'idea originale potrebbe essere quella di utilizzare i bicchieri di vecchi servizi spaiati per realizzare singolari segnaposto. Basterà scrivere su ognuno con i colori da vetro il nome dell'invitato e lasciarli asciugare in forno tiepido per qualche minuto. A fine serata si regalerà a ognuno il proprio segnaposto. E a proposito di serate, un piccolo suggerimento: per mantenere più a lungo il ghiaccio nel secchiello dello spumante, basterà aggiungere un pizzico di sale tra i cubetti o il ghiaccio tritato.

Amica Luna!

Mai dimenticare un'occhiata al cielo. Sarà infatti la Luna a suggerirci come e quando fare al meglio le cose di ogni giorno.

Dall'ALMANACCO BARBANERA del 1863

"Si rende molto incomodo il vento così spesso. Inutilmente nacque chi sol vive a se stesso." Favoriamo allora gli affetti. Magari provando, con l'aiuto di un'alleata Luna crescente, a trovare nell'arco della giornata il tempo per dimostrare a chi amiamo quanto l'abbiamo a cuore. Un pensiero gentile, una telefonata, una carezza, una sorpresa basteranno.

COSA FARE CON LA LUNA CALANTE

Marmellata di arance veloce Cuocere per 10 minuti nella pentola a pressione 2 kg di arance naturali ben lavate. Una volta cotte tagliarle senza disperdere il succo, eliminare i semi, frullarle con 2 mele biologiche con la buccia. Mettere al fuoco con 500 g di zucchero di canna e cuocere mescolando per mezz'ora. Versare la marmellata calda nei vasetti e sterilizzarli facendo bollire per mezz'ora.

Macerato d'aglio per le piante
Le piante in casa hanno da sempre un nemico: le cocciniglie. Si eliminano con un rimedio naturale e semplice da preparare. Mettere a macerare per 2 giorni in 1/2 litro di acqua l'aglio tritato. Si filtra, si aggiunge un cucchiaino di sapone neutro, si mescola e si versa in un nebulizzatore. Spruzzare la soluzione sopra e sotto la lamina fogliare.

COSA FARE CON LA LUNA CRESCENTE

Pensando ai cassetti
Per avere cassetti sempre in ordine, dividere lo spazio interno con listelle di legno, oppure usare delle scatole o dei cestini di dimensioni adatte, prendendo le misure in modo che si incastrino bene.

Decori natalizi Intrecciando sottili rami di salice o abete si fanno facilmente delle ghirlande da decorare con foglie e rametti di agrifoglio e vischio, bacche di cotognastro, ricci di ippocastano, piccolissime mele, realizzando così un suggestivo addobbo.

una pausa rigenerante

Uscire anche quando si vorrebbe restare al calore di un caminetto. Vivere le energie della natura, solo all'apparenza addormentata.

Fra campagna e città

Una panchina, spazio di libertà

Il vento porta un primissimo sentore di primavera. È tempo di fare quattro passi, di fermarsi al sole su una panchina. E non necessariamente una che dà su un belvedere, anche una semplice panchina di quartiere. Tra l'altro, la schiera dei frequentatori di panchine è stata numerosa e altisonante, si trovano fior fiore di letterati: Samuel Beckett, Henry James, Robert L. Stevenson, Fëdor Dostoevskij, Friedrich Nietzsche e oggi ne sono frequentatori assidui lo scrittore Antonio Tabucchi, la giallista Fred Vargas, il poeta Stefano Raimondi... Perché su una panchina ci si può dare il tempo di perdere tempo, ci si riscopre a pensare in un'altra maniera, più vasta, e non è raro che ci si alzi più sereni e meglio disposti verso il mondo. A qualcuno sembra il vezzo di chi si sottrae alle leggi della produttività, dell'efficienza. È pur vero questo, ma solo per il tempo necessario a ritrovare il proprio sé bambino capace di meraviglia e attesa. "... La panchina è l'ultimo simbolo di qualcosa che non si compra, di un modo gratuito di trascorrere il tempo e di mostrarsi in pubblico, la panchina è un luogo di sosta, un'utopia realizzata. È il margine sopraelevato della realtà, vacanza a portata di mano", scrive Beppe Sebaste. È un passeggiare da fermi, mentre il mondo ci scorre di fronte.

Rilassanti letture *I libri che si possono leggere seduti al sole su una panchina devono essere piccolini, non pesanti, meglio ancora se inducono la voglia di chiudere le pagine e riflettere. Oppure può essere il romanzo breve, brevissimo* Il canapé rosso *di Michèle Lesbre, un piccolo capolavoro letterario.*

IL BUON CONSIGLIO

Una nuova panca

Se in casa abbiamo dei vecchi sci che non usiamo da anni oppure una tavola da snowboard ormai inutilizzata da molto tempo, anziché buttarli si può "riciclarli" in modo originale dando loro nuova vita. Come? Bastano due solide basi di appoggio per ricavarne una bella panca, adatta anche per l'esterno. Le basi di appoggio dovrebbero essere in legno, ad esempio dei ceppi solidi e larghi, a cui avvitare, dopo averli forati, gli sci o la tavola. Ancora meglio sarebbe usare degli sgabelli di legno già pronti. Oppure, sempre per fare una panca da esterni, possiamo usare un tronco a cui aggiungere cuscini e inchiodare lo schienale di vecchie sedie di legno trovate dal robivecchi. Un'idea molto suggestiva da copiare e realizzare.

più eco meno spreco

Risparmiare, riciclare, fare propri piccoli ma fondamentali virtuosi gesti. Perché ogni momento della giornata può offrire spunti per un vivere sostenibile.

Fare la spesa Ogni giorno vengono buttate via nelle discariche italiane più di 4.000 tonnellate di alimenti. Nella pattumiera finiscono il 15% del pane e della pasta, il 18% della carne e il 12% della verdura e della frutta. In media, ognuno di noi in un anno getta 27 kg di cibo. Per evitare gli sprechi regaliamo cibo a chi non ne ha attraverso un'associazione onlus e programmiamo spese attente. Soprattutto per le feste.

RISCALDARE LA CASA

Si può migliorare l'efficienza dell'impianto di riscaldamento con interventi semplici ed economici. Ad esempio inserendo un pannello riflettente – in vendita nei colorifici – fra parete e termosifone: si recupererà in questo modo il 25% del calore assorbito dalla parete. Oppure si può installare una valvola a ciascun radiatore: regolerà l'afflusso d'acqua calda in base alla temperatura scelta, che potrà anche variare da stanza a stanza, con un risparmio energetico fino al 20%. Per esempio, se non si usa, è inutile di giorno riscaldare molto la camera da letto o tutta la zona notte. La valvola si chiuderà a mano a mano che la temperatura, misurata da un sensore incorporato nella valvola stessa, si avvicina a quella desiderata.

REGALI ECOLOGICI

A Natale optiamo per regali capaci di far risparmiare energia, come una batteria, un telefono cellulare o una lampada da giardino che si ricaricano con l'energia del sole. Anche indumenti in cotone biologico, o guide naturalistiche, libri e documentari a tema ambiente, saranno apprezzati. Il massimo dell'ecologicamente corretto sono poi gli addobbi natalizi sostenibili: un filo di 45 stelline luminose, alimentate da un pannello a energia solare.

Dai cassetti di casa

Abbiamo smarrito la custodia degli occhiali? Niente di più facile che sostituirla riadattando una presina da cucina ancora in buono stato, magari dai colori vivaci. Occorre solamente piegarla in due e cucirla su due lati.

Uno stivale di gomma spaiato, dipinto o meno, diventa un utile portaombrelli. Per renderlo più stabile, mettiamoci dentro qualche pietra.

I guanti dei bambini hanno di nuovo le dita bucate! Invece di acquistarne di nuovi, si riparano con facilità. Basta fare all'uncinetto dieci cappuccetti di diversi colori e cucirli sulla punta delle dita. Risulteranno colorati, allegri e a buon mercato.

A proposito di... riciclo creativo

Il tavolo di... terracotta

Se si possiedono vecchi vasi di terracotta, si possono riciclare impilandoli capovolti per grandezza decrescente per farne la base di un tavolino. Per questioni di stabilità conviene partire da un vaso di almeno 40 cm di diametro. Il piano del tavolo andrà avvitato e fermato con un bullone sull'ultimo vaso, usando il buco che il vaso ha già e creandone uno al centro del piano di appoggio scelto. Il tavolo potrà avere altezze diverse a seconda delle necessità: basta togliere o aggiungere dei vasi dal basso.

UNA LAMPADA D'ANTAN

Se troviamo in soffitta vecchi giocattoli come automobiline, soldatini o bamboline, usiamoli per creare un'insolita lampada. Comperiamone una con una base e un paralume ampi, incolliamoci uno sopra l'altro lungo la base e lo stelo i giocattolini, poi verniciamo il tutto. Gli effetti più raffinati si ottengono con vernice nera, oro o argento, in accordo con il colore del paralume.

Un'insolita proposta

Mobili di cartone per i più piccoli

Per psicologi e pedagoghi le parole chiave nell'arredamento dei bambini sono semplicità, versatilità, ecologia e sicurezza. Meglio quindi un mobile in cartone, piuttosto che quelli pesanti in materiali sintetici antiecologici. E soprattutto niente arredi costosi che fanno vivere con l'ansia che il bimbo li sciupi. Costruire mobili in cartone riciclato non è difficile, serve solo un po' di pazienza. Va scelto del cartone da imballo con struttura interna a nido d'ape, più resistente, eventualmente unendone tra loro con colla vinilica due strati. Le giunture prima si puliscono passando la carta vetrata, poi si incollano, rafforzandole mettendo sopra e sotto, ben attaccata, della carta da pacchi. In questo modo si riescono a costruire sedie, tavolini, casette delle bambole, piccole librerie, mobili che i bambini possono facilmente spostare perché leggeri e da dipingere a piacere. Sul web è possibile trovare molti esempi di arredi di cartone, alcuni dei quali realizzati semplicemente a incastro.

Tovagliette da... leggere

Un'idea di riciclo facile facile è quella di sfogliare vecchie riviste o fumetti e scegliere le immagini più piacevoli. Incolliamole poi sopra dei cartoncini di circa 28x38 cm da portare a plastificare in copisteria. Con poca spesa, e soprattutto in modo originale, avremo a disposizione un nuovo set di tovagliette all'americana magari da regalare a Natale. Se invece di riviste ne abbiamo tante, impilandole in quattro file con i dorsi verso l'esterno e legandole con cinghie elastiche, diventano un tavolino.

L'idea sostenibile

Tappi o appendini?

Tra le feste di Natale, Capodanno e Carnevale, è probabile che ci si ritrovino in casa vari tappi di sughero. Che sarebbe davvero un peccato buttare, considerato che di questo materiale prezioso e riciclabile, esistono addirittura punti di raccolta gestiti da associazioni come la onlus *www.amaniaperte.org* o la "Tappo-a-chi?" dei produttori di prosecco di Valdobbiadene. In casa, invece, con i più semplici turaccioli delle bottiglie di vino si può realizzare un tappeto isolante dal freddo, su cui sistemare all'esterno le piante in vaso. Basterà costruire una cornice con fondo di legno alta 4 cm da riempire con i tappi. Quelli dello spumante, poi, con una vite infilata all'interno, si trasformano in insoliti appendini.

La buona *abitudine*

TINGERE AL NATURALE *Che i colori industriali sono talvolta tossici per l'ambiente, è noto. Meglio quindi riscoprire quelli naturali. Ad esempio, con la buccia delle cipolle rosse si ottiene un bel rosa salmone, con quella delle cipolle gialle un arancio chiaro. Tagliare le bucce a pezzetti, bollirle per un'ora rimescolando spesso. Scolare, buttare le bucce e fare raffreddare il liquido colorato. Quando è freddo immergervi il capo o la lana da colorare e lasciarvelo, mescolando ogni tanto, finché non ha preso la tinta che si desidera. Sciacquare in acqua fredda.*

Decorare senza sprechi

Nel passato si decoravano le stanze da pranzo con tralci di uva. Bellissimo! Se abitiamo in città e non abbiamo i tralci, possiamo risparmiare sui fiori decorando la tavola, o il buffet, con la verdura che, dopo la festa, finirà in pentola senza sprechi. Per esempio in un vaso bianco un po' largo, farà davvero bella figura un cavolfiore bianco circondato da lunghi peperoncini verdi, sistemati come fossero foglie. Risultati raffinati si ottengono anche con i carciofi violetti, messi come fiori, inframmezzati da chiari gambi di cardo.

Restyling dei vecchi mobili

Trasformare i mobili è una buona idea per almeno quattro motivi: si risparmia, rende creativi, si realizzano pezzi unici ed è, come ogni riciclo, ecologico. Pronti allora ad accorciare o allungare le gambe, cambiare le maniglie, intervenire sulle superfici colorandole o ricoprendole con stoffa o carta da parati o conchiglie, perline... La vecchia credenza è rovinata? Un nuovo colore opaco di moda come grigio, nero, giallo o rosa fucsia avrà un "sapore" design. Il piano del tavolo è segnato? Si ricopre di piastrelle artigianali. E se è l'armadio ad averci stancato, si fa "sparire" applicandovi degli specchi. Per rinverdire i mobili una tecnica semplice è il découpage: ritagliare delle immagini (marine, di farfalle, di fiori), incollarle sul mobile e passarvi sopra una vernice protettiva. Facile anche l'applicazione di sticker, la versione design delle decalcomanie di una volta (*www. vinylwallart.com*).

La festa. Buon Natale!

"Natale al tizzone, Carnevale al solleone!"

Un pieno di tradizioni

Natale con i tuoi, Pasqua con chi vuoi! In mezzo il Capodanno, a metà tra le allegrezze con gli amici, magari in piazza nella notte di san Silvestro, e invece la ritualità tutta casalinga del pranzo di Natale. Momenti densi di significato, di rinascita e di passaggio, dove si ritrovano gesti e ricette di millenaria tradizione, resi ancor più speciali dalle storie di famiglia che ognuno sa raccontare. Come ad esempio il fatto che forse c'è chi non lo sa, o non se ne ricorda più, ma la cena "di magro" della sera del 24, il cenone della vigilia, ha un originario carattere purificatorio: si vegliava – da qui la parola vigilia – e si lasciava da parte la carne già preparata per la tavola natalizia, per consumare pesce. Un tempo inoltre la vigilia era detta anche "Ceppo". Era infatti tradizione accendere nel camino un grosso ceppo da far bruciare fino all'Epifania. La sua cenere si sarebbe poi data ai campi che avrebbe protetto e reso assai fruttuosi.

IL BUON CONSIGLIO

Profumo di Natale con l'arancia pomander

Ecco un modo insolito per decorare la casa durante le festività natalizie. Passare del nastro adesivo su alcune arance in senso verticale e orizzontale. Riempire i settori lasciati liberi dal nastro adesivo con chiodi di garofano impiantati fitti fitti nella buccia. Cospargere il tutto di cannella in polvere, avvolgere le arance in carta da forno e lasciarle riposare per 10 giorni. A Natale scartare le arance, levare il nastro adesivo e sulla traccia rimasta passarne uno dorato, fare un bel fiocco e appendere le profumatissime e decorative arance.

Nell'orto, nel giardino e sul balcone

Riscoprire gli ortaggi e i fiori dell'inverno, ma anche pulire e rimettere gli attrezzi. Una stagione solo all'apparenza ferma, con le piante da proteggere dai rigori invernali.

IL PROVERBIO

Per mandare i malanni al diavolo, ricorda le virtù del cavolo.

Grande protagonista delle tavole e degli orti invernali, il cavolo si adatta a ogni tipo di terreno purché ricco di humus.
L'importante è che abbia spazio per crescere: sul balcone scegliere quindi vasi di almeno 40x40 cm e 50 cm di profondità, con terriccio di medio impasto con torba, ghiaia, sabbia.
La raccolta si fa in varie epoche, dall'autunno all'inverno, scegliendo teste di almeno 12 cm di diametro, in Luna crescente per il consumo fresco, calante per la conservazione.

Nuove *semine*

Si preparano tra gennaio e febbraio i nuovi letti di semina degli ortaggi. Eliminare i residui vegetali e smuovere con un rastrello la superficie della terra. Aggiungere terriccio sbriciolato ricco di compost, di più per patate e cavoli, di meno per carote e piselli. Modellando la superficie in una sorta di cumulo rialzato, si anticiperà il riscaldamento del terreno e si avranno ortaggi in anticipo!

PREPARARE LE MARZE

Per i frutti e alcune piante ornamentali si usa l'innesto a doppio spacco, da fare a inizio primavera sui rami piccoli. D'inverno bisogna invece preparare le marze per gli innesti tagliando dei rami, vigorosi e sani, di circa 25 cm, prelevati appena sopra una gemma: le marze devono avere almeno 3-4 gemme. Conservarli allo stato dormiente, a mazzi, in cassette di sabbia umida, o avvolgerli nella plastica tenendoli in frigorifero fino all'utilizzo.

NELL'ORTO

Agli e cipolle da seminare

Non possono mancare in cucina, tantomeno nell'orto: è il momento di agli e cipolle. I primi si seminano con la Luna calante conficcando nel terreno gli spicchi, i bulbilli, con la punta rivolta verso l'alto, a 3-4 cm di profondità e a 10-12 cm di distanza l'uno dall'altro. Nella scelta dei bulbilli preferire quelli più arcuati. Annaffiare moderatamente. Per la cipolla invece, che cresce su tutti i terreni evitando però quelli troppo umidi, i semi si interrano, sempre con la Luna in fase calante, a fine gennaio a 5-7 cm di distanza in solchetti poco profondi e ricoperti con 1-2 cm di terriccio. In primavera diradare le piantine a 15 cm.

FARE, NON FARE, COMPRARE

Fare *Immergere le attrezzature usate per l'orto e il giardino in acqua bollente, per sterilizzarle da tutti gli agenti patogeni in maniera naturale.*

Non fare *Attenzione che non si formi la condensa dentro i tunnel: arieggiare per un po' durante le ore di maggior luce per evitare gli attacchi fungini.*

Comprare *Sostituire i manici degli utensili: se sono in cattivo stato intralciano la buona riuscita dei lavori. Meglio investire comprandone di nuovi!*

nel giardino

Rosa, bella ma anche utile

Un appuntamento da non perdere è quello con la messa a dimora della regina del giardino: la rosa. La prima indispensabile regola è evitare di impiantare un rosaio dove siano già state rose in precedenza. Non potendone fare a meno, cambiare la terra fino a una profondità di circa 50 cm e lavorarla con concime organico. Si prepara quindi la pianta tagliando le radici per fare in modo che restino ben stese in una buca di 50x50 cm, mentre i rami dovranno essere di circa 30 cm. Si colloca quindi il rosaio, con la fase di Luna crescente a fine febbraio, nella buca facendo sì che il punto di partenza dei rami si trovi 2-3 cm sopra il livello del terreno. Annaffiare, chiudere la buca e ammonticchiare la terra sui rami per proteggere la pianta dal freddo.

La curiosità Quella di far vivere insieme ortaggi, alberi da frutto e fiori è un'antica usanza. Ma anche oggi sempre più spesso si vedono nei vigneti delle piante di rose. La loro funzione è quella di indicare la presenza di malattie fungine che attaccano infatti la rosa prima della vite. Coltivatore avvisato...

È tempo di...

Predisporre le aiuole e le bordure per i trapianti primaverili. Ridefinire le aree da destinare alle specie annuali a fioritura primaverile-estiva contornandole con sassi o piccole mattonelle colorate. Lavorare il terreno dopo aver distribuito concime, meglio se organico. Eliminare eventuali sassi o impurità presenti. Ricoprire con un telo in PVC trasparente per favorire la nascita di infestanti che saranno successivamente eliminate.

NEL GIARDINO

Fioriture d'inverno

I suoi frutti, polposi e rossi come il fuoco, rallegrano i boschi. Il corbezzolo, *Arbutus unedo*, ha la particolarità di avere allo stesso tempo, all'inizio della stagione invernale, fiori biancastri e frutti maturi. E proprio questi ultimi, simbolo d'amore, si consumano freschi – da ricordare che sono un po' astringenti – o si possono trasformare in confetture, gelatine, sciroppi, acquavite, infusi, vini e liquori. Pianta mediterranea che preferisce i luoghi assolati come terreni ben drenati e tendenzialmente acidi, sarà bellissima in giardino.

Se hai ½ giornata

Ormai trascorse le festività natalizie, in casa rimane un ospite "scomodo": l'albero di Natale! Proviamo a farlo vivere. In giardino, in una giornata mite e con la Luna crescente, scavare una buca poco più profonda del contenitore scegliendo un punto ombreggiato. Collocarvi uno strato di torba e poi l'albero con il vaso. Sul terrazzo invece, inserire il contenitore con l'abete in un vaso poco più grande, colmando lo spazio con torba e sabbia. Annaffiare regolarmente. All'arrivo del prossimo autunno l'albero potrà essere trapiantato in un vaso di dimensioni maggiori.

Una "coperta di foglie"

Quando le foglie sono cadute copiose, possiamo trasformarle in humus. Anche se varrebbe la pena riscoprire una vecchia abitudine: lasciarle là dove sono. Si replicherà dicendo che il vento le farà volare ovunque, anche su vialetti e terrazzi. Non è detto, perché basta buttare sopra alle foglie un po' di terra o di sabbia di fiume. Così si fa meno fatica e il giardino ne guadagna, le radici rimangono riparate dal freddo e a primavera le foglie avranno ceduto al terreno prezioso materiale organico.

SUL BALCONE

Il ciclamino che ama il freddo

Amica della stagione fredda, questa familiare pianta è in inverno nel pieno della fioritura. Il ciclamino ama la luce e il fresco, mentre il caldo ne fa appassire le foglie e i fiori. Sta bene in un luogo ombreggiato o semiombreggiato, al riparo da vento e pioggia e richiede un terriccio umido, evitando gli eccessi d'acqua nel sottovaso. La fioritura si prolunga fino a marzo-aprile e, per dare vigore alla pianta, si somministra ogni 15 giorni concime liquido specifico. È una tuberosa e nel suo periodo di riposo si estrae il tubero dal terreno conservandolo al buio in luogo fresco per 2-3 mesi, poi si rinvasa. Il ciclamino europeo cresce spontaneo nei nostri boschi.

IL BUON CONSIGLIO

All'arrivo del freddo

Per la salvaguardia delle piante è necessario mettere in pratica alcune semplici azioni. La prima cosa da fare, se si vive in una zona dove il freddo è forte, è proteggere quelle che non si possono trasportare con dei teli di tessuto non tessuto fissati alla base del tronco. Portare invece in casa quelle trasportabili più delicate, come agrumi o gerani. Solo tenendole lontane dal freddo, vicino alle finestre, è possibile farle sopravvivere. Se però non si possono tenere in casa, metterle in un luogo fresco e buio, per favorirne il riposo e moltiplicarle per talea così da avere nuove piantine a primavera.

Dalla tradizione...

"Le uniche piante che conserveranno il loro verde saranno gli agrumi, gli ulivi e gli allori." Così scriveva Barbanera nel suo Almanacco del 1868. E anche noi, per non sbagliare, e avere il balcone verde tutto l'anno, scegliamo sempreverdi come la salvia ornamentale.

In forma in inverno

La tentazione sarebbe quella di cedere alla pigrizia e di rimandare a momenti migliori la cura di corpo e mente. E invece è proprio questo il tempo giusto per rinforzarci e vivere al meglio la stagione più fredda.

GRANDI&PICCOLI

Cavoli per i grandi...

Il cavolo e i suoi "simili" – verza, cavolfiore, cavolini di Bruxelles – costituiscono una ricca fonte di minerali, vitamine e antibiotici naturali che danno forza ed energia. Impediscono anche di ammalarsi spesso, soprattutto nelle stagioni a rischio come quella invernale. Consumiamoli dunque cotti e crudi.

... e yogurt per i bambini

Parlando di piccoli sarebbe bene consumassero regolarmente yogurt. I fermenti che contiene danno uno stimolo notevole al rinnovamento dell'intestino e alla produzione di anticorpi. Già, perché l'immunità nasce anche nell'intestino.

Inverno sereno, estate felice

Iniziando l'anno e vivendo l'inverno in modo positivo, con armonia ed equilibrio, si arriva all'estate nel modo migliore. Come fare? La chiave sta nel cervello, l'organo che risente più di tutti del cambio di stagione perché modula il suo funzionamento sulla quantità di luce che riceve. Quando d'inverno il buio e il freddo prendono il sopravvento, bisogna soddisfare la parte di noi che necessita di luce e calore attraverso profumi naturali e infusi di erbe, che ci stimolano a produrre le molecole del rilassamento. In particolare, è utile inalare gli aromi delle piante estive, come la lavanda, che libera la luce e il calore immagazzinati. Inoltre si può assumere alla sera, per tutto il periodo, una tisana a base di tiglio e fiori d'arancio, rilassante e aromatica. In questo modo i recettori trasmettono un benessere duraturo e costante a tutto l'organismo, che sarà facilitato a ritrovare l'armonia già dalla primavera fino a tutta l'estate.

PIÙ BELLI COSÌ

In montagna **proteggiamo la pelle** *con filtri solari alti. Di sera facciamo una maschera decongestionante con 3 cucchiai di farina di avena, 3 di acqua di hamamelis o di camomilla e 1 di olio di mandorle. Si tiene 15 minuti, poi si sciacqua.*

Con il freddo ottimo **un bel bagno caldo**, *profumato e tonico se si aggiunge all'acqua la buccia grattugiata di un'arancia bio e del sale marino. Per un maggiore relax spegniamo la luce e accendiamo delle candele.*

Micro ginnastica

La "micro ginnastica" casalinga è una forma di attività fisica semplice e veloce che permette di neutralizzare la stanchezza accumulata e i danni di una postura spesso scorretta. È semplice, basta praticare 15-20 minuti di ginnastica al giorno a casa, con costanza, per ottenere risultati positivi su umore, forma fisica, mobilità e sul tono della muscolatura. Stretching ed esercizi di tonificazione muscolare agiscono positivamente sui dolori e sulla rigidità della schiena. Questi piccoli esercizi ripagano del tempo speso, allontanando giorno dopo giorno i farmaci dal comodino. Oppure scopriamo i benefici di un'alimentazione di tipo biologico che privilegi la qualità più che la quantità. Poi però, quando arrivano i giorni delle feste, pensiamo davvero a ritonificarci godendo anche di tutti i vantaggi che possono venirci da un'attività all'aria aperta. Per ritemprare corpo e mente, programmiamo passeggiate in montagna o al mare, coperti bene, ma pronti a respirare a pieni polmoni aria pulita.

IL BUON CONSIGLIO

Un piatto di salute!

D'inverno alcuni cibi fanno meglio di altri: un'alimentazione sana protegge dai disturbi, innalza la temperatura corporea, previene sovrappeso e colesterolo alto. Aglio e cipolla svolgono ad esempio azione antibatterica. I legumi, tra cui fagioli, ceci, piselli e lenticchie, sono ricchi di fibre e ferro che favoriscono l'eliminazione di scorie e radicali liberi. La frutta di stagione contiene elevate quantità di vitamina C, mentre spinaci, cicoria, zucca, rape, carote, cavolfiori e broccoli forniscono sali minerali e vitamine antiossidanti. Bene anche preferire il pesce alla carne: ricco di acidi grassi essenziali, favorisce l'adattamento alle basse temperature.

Erbe contro il freddo

"Verdi rimedi" utili a prevenire i disturbi di stagione

Con il freddo arrivano anche i classici disturbi di stagione: raffreddore e tosse. La rosa canina è una fonte naturale di vitamina C, combatte le infezioni e aumenta l'energia. Ottimo l'infuso, una tazza tiepida al giorno con miele di eucalipto e qualche goccia di limone è davvero salutare. Anche il timo aiuta contro la bronchite, la laringite, il raffreddore. Se ne può trovare lo sciroppo balsamico oppure si usa una goccia dell'olio essenziale, diluita in un cucchiaio di olio di sesamo, per massaggiare il petto. Attenzione alla pelle sensibile, perché è molto forte. Se invece, come sarebbe auspicabile, pensiamo a un'azione preventiva, per mantenere libere e forti le alte vie respiratorie, adottiamo la buona abitudine di fare dei suffumigi alla sera prima di coricarci: versiamo in 1 litro di acqua calda e fumante 2 gocce di olio essenziale di pino, 2 di eucalipto e 1 di timo.

Direttore Editoriale *Feliciano Campi*
Coordinamento Editoriale *Luca Baldini*
Coordinamento Redazionale *Maria Pia Fanciulli*
Testi *Redazione Barbanera/Editoriale Campi*
Coordinamento Tecnico *Fabio Silveri*
Progetto Grafico *Roberta Pinti*
Illustrazioni *Octavia Monaco*
Elaborazione Immagini *Claudio Mariotti*
Immagini antiche dall'*Archivio della Fondazione Barbanera 1762*

Un ringraziamento particolare a *Franco La Cecla*

Stampa *Tecnostampa* - Loreto

ISBN 9788879320436

Via San Giuseppe, 1 - 06038 Spello (Pg)
Tel. 0742 391177
info@barbanera.it www.barbanera.it

Stampato in Italia
Finito di stampare nel mese di marzo 2015

BARBANERA RISPETTA L'AMBIENTE

Questa edizione è stampata su carta riciclabile, priva di cloro e prodotta con cellulosa proveniente da boschi gestiti nel rispetto della sostenibilità e dell'impatto ambientale.